Pierluigi Romeo di Colloredo

Am Arsch der Welt

LE QUATTRO BATTAGLIE DI CASSINO, 1944.

Pierluigi Romeo di Colloredo Mels è nato a Roma nel 1966.

Archeologo e storico militare, è autore di numerosi lavori sulla storia delle due guerre mondiali e dei conflitti del periodo interbellico, Etiopia e Spagna, e delle unità della MVSN argomento del quale è considerato uno dei massimi esperti a livello internazionale.

A lungo appassionato di ricostruzione storica e *living history*, si è occupato dei Fallschirmjäger con il Gruppo di R.S. *Italia 1943-45*, e in quest'ambito oltre ad acquisire una conoscenza diretta dei luoghi della battaglia di Cassino ha potuto incontrare molti tra gli ultimi reduci delle due parti.

Tra i suoi ultimi lavori ricordiamo *Camicia Nera! Storia delle unità combattenti della Milizia Volontaria Sicurezza Nazionale dalle origini al 25 luglio*, e *Südfront. Il Feldmaresciallo Albert Kesselring nella campagna d'Italia 1943-1945*.

Collabora con le riviste *Nova Historica*, *Storia in Rete*, *Ritterkreuz* e *Il Primato Nazionale*.

STORIA

Titolo: **Am Arsch der Welt – Le quattro Battaglie di Cassino, 1944** (SPS-043)
Di Pierluigi Romeo di Colloredo Mels
Editor: SOLDIERSHOP PUBLISHING. Cover & Art Design: L. S. Cristini.
ISBN: 978-88-9327-3572-3596 1a edizione: Agosto 2018

In copertina:

Cassino distrutta dopo la battaglia in una celebre fotografia della rivista statunitense *Life*. La fotografia è sempre stata pubblicata invertita rispetto alla realtà: la torretta del relitto dello *Sherman* puntava a destra. Quarta di copertina (dall'alto in basso e da sin. a ds): *I monti e le valli della solatia Italia vi aspettano!* Manifestino di propaganda tedesco. Un ufficiale dei *Fallschirmjäger* decorato di *Ritterkreuz*. Stemma del II° Corpo polacco. *Fallschirmjäger* catturati dai polacchi, maggio 1944

Am Arsch der Welt, am Arsch der Welt
sind wir für ewig und drei Tage aufgestellt
Am Arsch der Welt, am Arsch der Welt
Wir aus jedem Weichei ein großer Held

Doch willst du mich noch einmal retten
schick mir Geld und Zigaretten
Doch willst du mich noch einmal retten
schick mir Geld und Zigaretten
ein Leben lang [1].

(*Am Arsch der Welt*, canzone militare tedesca).

SOMMARIO.

---

[1]In culo al mondo, in culo al mondo
siamo schierati per l'eternità e per tre giorni,
in culo al mondo, in culo al mondo,
ogni buono a nulla è un grande eroe.
Però se mi vuoi salvare
dammi la paga e le sigarette
Però se mi vuoi salvare
dammi la paga e le sigarette
per tutta la vita

PREFAZIONE.

Sulla battaglia, o meglio sulle battaglie, di Cassino sono stati scritti centinaia tra libri ed articoli in inglese, tedesco, polacco, francese, italiano e non solo.

Il sito *Dal Volturno a Cassino* riporta 358 schede bibliografiche, ed il numero è da sicuramente aumentato dal momento della pubblicazione[2].

A fianco di volumi di memorie di comandanti e di combattenti degli opposti eserciti, sono innumerevoli volumi specialistici e divulgativi di vario livello, dai mediocri agli eccellenti.

Ci si potrebbe dunque chiedere il perché di un ennesimo libro sull'argomento: ci è sembrato, dopo aver redatto recentemente una biografia del Feldmaresciallo Kesselring incentrata sulla campagna d'Italia, condotta con tanto successo contro la strapotenza avversaria, che approfondire gli avvenimenti che fecero perno sull'area del Cassinate fra la fine del 1943 e del 1944 non fosse una perdita di tempo, anche senza voler dire alcunché di nuovo- cosa forse impossibile, ormai- a patto di offrire un lavoro rapido ma storicamente corretto, che potesse servire da introduzione per lavori di ben altro spessore, citati nella nota bibliografica al termine del presente lavoro.

A differenza del precedente lavoro, in cui Cassino era vista dall'ottica dell'*Oberbefehlshaber Süd*, da un punto di vista eminentemente strategico, qui la si vedrà dal basso, dal punto di vista dei comandanti in subordine e dei combattenti, da un punto di vista più operazionale sebbene pur sempre inquandrando la battaglia nel quadro degli avvenimenti strategici complessivi che ne determinarono antefatti, svolgimento ed esito.

Avvertiamo subito che il lavoro presenterà una visione degli avvenimenti soprattutto dalla parte dei comandi e dei combattenti germanici, perché proprio i tedeschi, e soprattutto i *Fallschirmjäger* della 1. *FJ- Division*, furono e restano i protagonisti e con il loro valore degno di una causa migliore di quella hitleriana, gli eroi delle quattro battaglie: soverchiati dal numero del nemico, dall'artiglieria, dal completo dominio dell'aria alleato i granatieri, i *Gebirgsjäger*, i paracadutisti di Kesselring, di Senger, di Heidrich seppero conquistare una serie di vittorie tattiche ed a ritirarsi invitti, pronti a contrastare la conquista di quello che per Churchill era the *soft underbelly* dell'Europa per un altro interminabile anno.

Versioni alleate della battaglia sono facilmente reperibili non solo in italiano, ma in inglese e francese, oltre che in polacco: la bibliografia finale potrà offrire suggerimenti per ulteriori letture.

Angelos Mansolas, nel suo recente saggio dedicato alla battaglia[3] ha scritto che

---

[2] http://www.dalvolturnoacassino.it/asp/book_list.asp?n=1

[3] A. Mansolas, *Monte Cassino January- May 1944: The Legend of the Green Devils*, Stroud, 2017.

La battaglia di Montecassino sarà sempre ricordata come la più lunga battaglia mai combattuta sul suolo europeo, paragonabile a perdite a quelle battaglie costose come La Somme, Verdun o Stalingrado.

È stato il più sanguinoso confronto bellico con una prima linea tedesca ben fortificata sul fronte occidentale. Montecassino era una battaglia epica solo per il coraggio dei soldati che l'hanno combattuta. Era una lotta per la sopravvivenza: contro il nemico e il campo di battaglia stesso.

In queste montagne, due tedeschi appostati, armati di una mitragliatrice, potrebbero facilmente individuare e colpire un numero di nemici 10 volte superiore. Per gli aggressori, la costruzione di trincee e buche nel terreno di granito di Montecassino era quasi impossibile. Non c'è niente che possa abbattere il morale di un soldato più velocemente della mancanza di una copertura adeguata.

Di tutti gli assalti con le baionette, le scambi di granate, il combattimento selvaggio, spesso con le mani nude per catturare un cortile di terreno roccioso o un mucchio di macerie sotto l'oscurità, la pioggia e la neve, una cosa spicca: la pura determinazione, la forza e il coraggio del soldato medio.

I vincitori morali della battaglia sono indubbiamente i combattenti germanici.
Come abbiamo scritto nella già citata biografia di Kesselring,

L'eroe della campagna d'Italia è e resta il soldato tedesco, uno contro dieci, un carro armato contro dieci carri, un cannone contro venti cannoni, niente di niente contro nugoli di bombardieri e di caccia. Eppure tenne per quasi due anni.

Citiamo a mo' di esempio il passo dal carteggio tra il Maresciallo Alexander e Churchill del 20 marzo 1944, in cui il generale spiegava anche con questa motivazione il mancato conseguimento degli obiettivi prefissatisi da Freyberg nella terza battaglia di Cassino:

La tenacia dei paracadutisti tedeschi è davvero eccezionale, ove si consideri che sono stati sottoposti al più grande concentramento di fuoco mai prima attuato, per ben sei ore, ad opera dell'intera aviazione del Mediterraneo e di gran parte dei nostri 800 pezzi d'artiglieria. Stento a credere che vi siano altre truppe al mondo che avrebbero potuto resistere a tale tempesta di fuoco e poi passare all'attacco con la ferocia da essi dimostrata[4].

Ciò nulla toglie però all'ammirazione per i texani della 36th US *Infantry Division*, ai Gurkha, ai neozelandesi ed agli indiani della 4th *Division*, ai polacchi della *Karpathia* e della *Kresowa*, ai bersaglieri AU di Montelungo.

Spero di essere riuscito a trasmettere questi sentimenti nel testo ed a farli provare al lettore, perché ci si deve sempre ricordare che la storia militare, oltre che storia di strategie, di tattiche, di dati tecnici, di comandanti, di frecce sulle cartine, è anche storia di uomini, di carne, di sangue.

---

[4]P. Romeo di Colloredo, *Südfront. Il Feldmaresciallo Albert Kesselring nella campagna d'Italia, 1943- 1945*, Genova 2018, pp. 130-131.

P.R.d.C.

16 luglio 20018

L'Autore desidera ringraziare l'amico Emanuele Mastrangelo per aver realizzato le cartine del presente volume.

Nota.

Circa la cronologia delle battaglie di Cassino, gli storici tedeschi e quelli americani e inglesi usano un diverso sistema di calcolo: per i tedeschi vi furono tre battaglie, mentre per gli americani ed i britannici le battaglie di Cassino furono quattro; nel presente lavoro utilizzeremo quest'ultima suddivisione cronologica, meno precisa, ma più diffusa.

Pertanto parleremo di prima battaglia (dal 12 gennaio al 12 febbraio 1944), di seconda, *Operation Avenger*, (dal 15 al 18 febbraio) di terza, *Operation Dickens*, (dal 15 al 24 marzo) e di quarta, *Operation Diadem*, (11- 18 maggio)

1.

A WALK IN THE SUN:
DA SALERNO ALLA LINEA *GUSTAV*.

We landed in Salerno, a holiday with pay,
The Jerries brought the bands out to greet us on the way.
Showed us the sights and gave us tea,
We all sang songs, the beer was free
To welcome D-Day Dodgers to sunny Italy
To welcome D-Day Dodgers to sunny Italy

Naples and Casino were taken in our stride,
We didn't go to fight there, we went just for the ride.
Anzio and Sangro were just names,
We only went to look for dames
The artful D-Day Dodgers, way out in Italy
The artful D-Day Dodgers, way out in Italy

(*We are the D-Day Dodgers in sunny Italy*, 1944).

Il 21 novembre 1944 il Feldmaresciallo Erwin Rommel, già comandante del Gruppo di Armate B, lasciò l'Italia dall'aeroporto veronese di Villafranca, per non farvi mai più ritorno. Il Feldmaresciallo Albert Kesselring assunse contemporaneamente il comando supremo nella penisola, potendo contare su undici divisioni nell'Italia centro-meridionale e altre dodici nell'Italia del nord. Kesselring si trovava finalmente liberato dall'intrigo politico, almeno per un po'. Erano finiti i problemi della guerra di coalizione con gli italiani e la tensione quotidiana con l'egocentrismo di Rommel che per mesi aveva tentato di prendere il suo posto. Adesso che aveva le mani finalmente libere, Kesselring era da solo al comando[5].

Tutte le truppe tedesche in Italia furono quindi poste sotto il comando del nuovo *Heeresgruppe* C, che includeva la 10. del generale Heinrich G. von Vietinghoff e la 14. *Armee*, comandata dal generale Eberhard von Mackensen.

Il 16 e il 17 settembre, di fronte al diminuire della pressione nemica sulla testa di ponte di Salerno, gli Alleati consolidarono definitivamente le loro posizioni e

---

[5] Sui rapporti costantemente tesi tra Rommel e Kesselring si veda Colloredo, *Südfront*, cit., pp. 54 segg.

cominciarono ad allargare le teste di ponte. Molti reparti avevano però bisogno di riposo, di rifornimenti e anche di essere ricostruiti. Il 1° battaglione del 142° reggimento fanteria della 36ª divisione, per esempio, aveva effettivi ridotti a 60 uomini, mentre il 2° battaglione del 143° fanteria aveva praticamente cessato di esistere come reparto combattente.

Intanto l'8a Armata continuava la sua avanzata iniziata dopo lo sbarco a Salerno del 9 settembre, e il 19 dello stesso mese elementi delle Armate di Montgomery e Clark si congiunsero ad Auletta.

Il generale Clark non era stato per niente soddisfatto del comandante del 6° Corpo durante la battaglia di Salerno e perciò, con l'approvazione di Eisenhower, il 20 settembre sostituì il generale Dawley con il generale John P. Lucas.

Mentre Clark e Montgomery riunivano le loro forze, Kesselring predisponeva una serie di linee di difesa lungo la penisola. La prima di queste (Linea *Barbara*) era la più improvvisata, costituita da una serie di fortificazioni campali, e correva lungo la linea del Volturno, una quarantina di chilometri a nord di Napoli. La Linea *Barbara*, partendo da sud di Vasto sull'Adriatico si ricongiungeva con la Linea *Bernhard* a Colli al Volturno per distaccarsene a Venafro e continuare a sud del fiume Garigliano, sino a terminare all'altezza di Mondragone sul Tirreno. La seconda linea difensiva era centrata sulla posizione di Mignano Monte Lungo, 80 chilometri a nord di Napoli e 145 a sud di Roma, e si estendeva dalla costa tirrenica fino alla linea del fiume Biferno. Essa divenne nota col nome di Linea *Bernhard* (o *Reinhard*) ; la *Bernhard* partiva dalla foce del Garigliano, passava per Mignano e proseguiva per Colli al Volturno, toccava Palena e arrivava all'Adriatico. Qui gli americani il 15 novembre 1943, si trovarono a doversi fermare per l'aumento della resistenza tedesca che utilizzava ogni appiglio tattico per effettuare azioni di retroguardia con piccoli reparti. Vennero distrutti parecchi edifici che controllavano le vie di comunicazione per fungere da ostruzioni. Punto di forza della Linea *Bernhard*, che precedeva di pochi chilometri a sud la Linea *Gustav*, era la stretta di Monte Lungo, attraverso la quale passava la strada statale n°6 Casilina.

Monte Lungo si trova al centro di due importanti rilievi montuosi, i massicci del Camino e del Sammucro. La terza linea difensiva era imperniata su monte Cassino e i corsi dei fiumi Garigliano e Rapido, e fu chiamata Linea *Gustav*.

Questa era un sistema difensivo completo, con casematte e fortificazioni in grado di sostenersi a vicenda, ed era la più munita delle tre linee.

Il piano di Kesselring prevedeva una serie di azioni ritardanti, per attuare poi una difesa prolungata sulla *Gustav*, che tra l'altro seguiva la più forte linea naturale d'Italia, lungo le pendici settentrionali delle montagne sulla riva destra del Garigliano: dalla foce fino al massiccio dominato dal monte Caira, e come contrafforte sudorientale monte Cassino, che dominava la valle del Liri e la Casilina, principale strada per Roma.

Da qui la linea continuava verso est, attraverso un terreno montagnoso e aspro lungo il fiume Sangro, dalla sorgente fino alla foce sull'Adriatico. Un'avanzata nemica lungo la costa adriatica avrebbe incontrato una serie di barriere naturali formate da profonde valli di montagna dove scorrevano torrenti che le precipitazioni autunnali e invernali avrebbero reso inguadabili, ed era quindi la direttrice meno invitante per un'offensiva alleata. Kesselring concluse che il settore più facilmente minacciato era quello occidentale perché lo attraversavano le due vie principali che portavano a Roma: la statale 7, l'antica via Appia, fra il litorale tirrenico e i monti Aurunci, e la statale 6, la via Casilina, che correva lungo la valle del Liri. Nota per essere la principale linea difensiva di Kesselring sul fronte dell'Italia meridionale, la linea *Gustav* (o *Winterstellung*) corrispondeva, in realtà, a una modificazione della precedente linea *Bernhardt*. Si estendeva dalla foce del fiume Garigliano, da sempre confine naturale tra sud e centro Italia sul versante tirrenico, alla città di Ortona, sull'Adriatico, a circa 25 km a sud di Pescara. Il suo fulcro strategico era rappresentato da Cassino e dalla sua abbazia.

La linea venne fortificata dai tedeschi con bunker, campi minati e ostacoli di varia natura, soprattutto nella stretta di Cassino.

Come scrisse il generale e storico militare W. G. F. Jackson, la linea *Gustav* fu *la più breve e la più forte linea di difesa approntata dai tedeschi in Italia*.

A partire dalla metà di novembre i genieri divisionali tedeschi e circa 44.000 uomini dell'Organizzazione *Todt* furono inviati a lavorare alla costruzione delle posizioni difensive e l'*Oberkommando der Wehrmacht* fornì subito allo scopo 100 rifugi in acciaio, 76 casematte corazzate e un certo numero di nidi di mitragliatrice[6].

A nord della città, il fiume Rapido era stato ostruito e la valle era stata inondata per diversi chilometri. Le rive del fiume erano state minate. Nel terreno più aperto della valle del Liri – tenuto sotto controllo dai due bastioni di Montecassino a nord e del monte Maio a sud – si era provveduto a fortificare edifici, si erano interrati cannoni e torrette di carri armati, con protezioni di cemento armato e acciaio accuratamente camuffati. Anche la città di Cassino era fortificata con tunnel e trincee di comunicazione fra i capisaldi e i rifugi. A Montecassino, facendo saltare la roccia viva, si ricavarono piazzole per cannoni e postazioni per mitragliatrici e mortai su di un terreno che già forniva protezione e nascondigli con caverne e anfratti naturali, utili ricoveri per la truppa e rifugi in caso di bombardamenti. Davanti alle posizioni, le vallette e i burroni erano tutti minati e sbarrati con filo spinato. Secondo il colonnello e storico G.A. Shepperd, "il settore di Cassino fu uno dei punti difensivi più formidabili in Europa"[7].

Vi erano, inoltre, numerosi impedimenti naturali: la catena montuosa degli Aurunci, i vari fiumi che, nel precoce e rigido inverno del 1943-44, si ingrossarono, divenendo quasi invalicabili per i mezzi alleati.

Come scrive G. Mele in un'interessante analisi della situazione della *Winterstel-*

---

[6]G. Ronchetti, A.M. Ferrara, *La linea Gustav. I luoghi delle battaglie da Ortona a Cassino*, Fidenza 2014, p. 11.
[7]Ibid., p.12

lung, questa sistemazione era coerente con l'organizzazione difensiva tedesca, già attuata su altri fronti, che era impostata su sistemi difensivi, distanziati tra loro circa di 80 km, ciascuno dei quali comprendeva *una zona di sicurezza*, una *posizione di resistenza* e una *zona delle riserve* avente complessivamente una profondità variabile da 6 a 20 km circa secondo la natura del terreno[8].

La massima profondità, ovviamente, veniva raggiunta nei terreni pianeggianti, dove la *zona di sicurezza* era profonda 6-7 km, e la minima in terreni montani, ove la zona delle riserve avevano una profondità di 3-5 km e distavano fra loro fino a 3 km. L'organizzazione della zona delle riserve era quasi uguale a quella della posizione di resistenza, vi potevano essere costruite trincee e camminamenti e non dovevano mai mancare ostacoli anticarro.

Nell'organizzazione della *Winterstellung* questi criteri furono applicati quasi integralmente: la *posizione di resistenza* era costituita dalla linea *Bernhard*, la quale aveva alcune posizioni antistanti costituenti, nel complesso, la *zona di sicurezza*.

Per dare più profondità alla Linea *Gustav*, furono aggiunte nel settore occidentale due cinture difensive: la prima costituita dalla Linea *Bernhard*, davanti al Garigliano, e dietro di essa una linea d'arresto, nota agli alleati come Linea *Hitler* ((linea D o *Dora* per i tedeschi), che sbarrava l'uscita nordoccidentale della valle del Liri a partire da S. Andrea e terminava sulla costa; la *zona delle riserve* era costituita dalla linea H (poi denominata *Sengerline* dal comandante del XIV. *Panzerkorps* Frido von Senger und Etterlin) per l'intero tratto Atina– Pontecorvo – Fondi - Terracina: la linea H consisteva in una cintura di capisaldi la cui caratteristica innovatrice era costituita dalla presenza di torrette di carri PzV *Panther* armate con pezzi Kwk42 da 75mm, montate su basi di cemento[9].

La *Winterstellung*, dovendo assolvere soltanto la funzione di imporre un arresto temporaneo all'avanzata degli alleati, era composta da una catena di caposaldi non collegati fra loro, il cui nucleo era costituito quasi sempre dalle sommità dei monti o dai paesini che, come castelli, troneggiavano sulle cime delle montagne. Questa seconda soluzione consentiva, oltretutto, una buona protezione del personale dai rigori dell'inverno italiano[10].

La linea *Gustav*, invece, era densamente presidiata, specialmente nel tratto a cavallo della Stretta di Mignano Montelungo.

I criteri ai quali si ispiravano gli apprestamenti difensivi delle singole posizioni erano i seguenti: consentire un sicuro ripiegamento dei difensori; godere di ottime condizioni di osservazione del proprio campo di tiro; essere in grado di attirare il nemico in zone più idonee alla condotta di contrattacchi affidati ai piccoli reparti tenuti, fino al momento dell'azione, in rifugi blindati o in caverna per agire alle brevissime distanze.

---

[8]G. Mele, "Cassino, anatomia di una battaglia", *Instoria*, N. 51 - Marzo 2012 (LXXXII)
http://www.instoria.it/home/battaglia_cassino.htm
[9]Si veda sull'argomento N. Short, *German Defences in Italy in World War II*, Oxford, 2006.
[10]Mele, cit.

Oltre a ciò, grande importanza veniva attribuita all'integrazione tra ostacoli naturali con gli ostacoli artificiali.

Le demolizioni realizzate, in effetti, furono così numerose che spesso, da sole, erano sufficienti ad arrestare per qualche giorno l'avanzata. Tale linee erano integrate da una serie di allagamenti attuati lungo la zona costiera che limitavano il transito alla sola ferrovia e rotabili principali creando anche una compartimentazione del terreno utile per isolare eventuali formazioni sbarcate dal mare e condizionarne il movimento.

La costruzione delle fortificazioni della linea *Gustav*, diretta dal generale del genio Bessel, fu eseguita da unità pionieri, reparti ausiliari italiani della *Todt* e battaglioni orientali; quella della linea Bernhardt, invece, dalle stesse truppe combattenti. L'orientamento della concezione difensiva tedesca a condurre una difesa efficace in corrispondenza dalla *Winterstellung*, richiedendo un ammassamento di forze a ridosso di essa, creava una vasta zona di vulnerabilità sul tergo, dove un eventuale sbarco alleato avrebbe potuto seriamente minacciare la via della ritirata del grosso delle forze.

Il Feldmaresciallo Kesselring, proprio in previsione di una possibile interruzione delle vie Appia e Casilina da parte alleata, aveva predisposto un piano di ritirata così articolato: le unità che si trovavano nel settore nord del versante tirrenico si sarebbero ritirate seguendo l'itinerario Atina – Opi - Pescina - Celano - L'Aquila; le unità ubicate nel settore centrale (valle del Liri) si sarebbero raccolte in aree da dove avrebbero iniziato la ritirata lungo l'itinerario Sora – Avezzano - Rieti; le unità del settore sud si sarebbero concentrate a Fondi da dove avrebbero iniziato la ritirata seguendo l'itinerario valle Corsa– Ceccano– Frosinone– Subiaco– Carsoli- Rieti; infine, i nuclei di vigilanza costiera, trattenuti fino all'ultimo a Terracina, si sarebbero raccolti nella zona di Priverno e si sarebbero ritirati seguendo l'itinerario Carpineto – Colleferro – Valmontone – Palestrina – Tivoli - Passo Corese: qui i tedeschi avrebbero organizzato una resistenza per dare tempo alla massa in ritirata sulle vie montane di sboccare nella conca di Terni ed organizzarsi nella linea del Trasimeno[11].

Il versante adriatico presentava caratteristiche diverse rispetto a quello tirrenico ma ugualmente favorevoli ai tedeschi: un terreno collinoso solcato da una serie di fiumi in piena, che l'8a armata britannica dovette espugnare uno alla volta con fatica e perdite, per poi trovarsene dinanzi un altro. Il fiume Sangro venne raggiunto da Montgomery nel novembre 1943 mentre la città di Ortona lo fu alla fine del dicembre successivo, dopo intensissimi combattimenti.

Questo piccolo centro, bombardato per mesi dagli alleati, quasi completamente evacuato dalla popolazione, sfollata altrove, e praticamente raso al suolo, sarà definito la "Stalingrado d'Italia" per i combattimenti che vi si svolsero, casa per casa, tra i paracadutisti tedeschi e i canadesi.

Per dare al Genio il tempo di completare i lavori necessari per la *Winterstellung*, Kesselring decise di condurre alcune azioni temporeggiatrici. Poi avrebbe impe-

---

[11]Ibid.; Colloredo, *Südfront*, cit., pp.74 segg.

gnato gli Alleati in un violento combattimento, prima di ritirarsi sulla Linea *Gustav*. Kesselring diede quindi istruzioni a Vietinghoff di trattenere gli Alleati sul Volturno fino al 15 ottobre. Gli Alleati radunavano intanto le forze in previsione dell'avanzata verso Napoli: dal 9 settembre al primo ottobre sbarcarono sulle spiagge salernitane 19.0000 soldati, 30.000 automezzi e 12.0000 tonnellate di rifornimenti. Sbarcarono anche gli ultimi reparti della 7ª divisione corazzata inglese, della 3ª Divisione di fanteria statunitense e della 82ª divisione aviotrasportata del generale Ridgway.

Per poter garantire adeguata sicurezza al porto di Napoli, il generale Clark sapeva di dover avanzare molto a nord della città dopo averla conquistata. Perciò scelse la linea del Volturno come primo obiettivo della 5a Armata, e ordinò al generale McCreery di condurre l'attacco principale lungo la costa, aggirando le pendici del Vesuvio per raggiungere la pianura napoletana.

Il VI° Corpo del generale Lucas fu invece inviato nell'entroterra per poi compiere una conversione a nord e proteggere il fianco del X° Corpo. Il 10° Corpo attaccò i passi della zona montuosa a nord di Salerno il 23 settembre e incontrò subito una forte resistenza. Sfruttando il terreno accidentato, i tedeschi resistettero in un numero ridotto di capisaldi, riuscendo a rallentare l'avanzata degli Alleati, numericamente superiori, fin quasi ad arrestarla. Inoltre i tedeschi, ritirandosi, operavano ogni accorgimento per ostacolare le operazioni del nemico.

Lungo un tratto di strada di meno di 30 chilometri riuscirono a distruggere 25 ponti, obbligando gli avversari a guadare fiumi e torrenti sotto il fuoco e poi a fermarsi per costruire nuovi ponti che consentissero il flusso di rinforzi e rifornimenti.

Ciononostante l'avanzata alleata continuò. Il 30 settembre le truppe del X° Corpo britannico raggiunsero i sobborghi orientali di Napoli e continuarono ad avanzare verso nord. Il primo ottobre l'82ª *Airborne*, rinforzata dei *Ranger*, fece il suo ingresso in città. Tre giorni dopo pattuglie inglesi raggiunsero il corso del Volturno mentre i tedeschi si ritiravano dietro questa barriera naturale. Entro il 7 ottobre il grosso del X° Corpo era dislocato sulla linea del Volturno.

Le truppe del VI° Corpo americano incontrarono difficoltà simili a quelle degli inglesi: obbligate a muoversi su strette vie di montagna e ad attraversare torrenti in piena incassati in profondi burroni, la loro avanzata fu facilmente molestata da poche truppe che riuscirono a distruggere la maggior parte dei ponti. Gli scontri erano condotti da piccole unità di fanteria con scarso o nessun sostegno d'artiglieria e i mezzi corazzati, e ben presto la pioggia, il fango e il freddo divennero i nemici che i soldati impararono a conoscere meglio. Solo l'uso dei bulldozer e dei ponti *Bailey* permetteva di avanzare su quei terreni e ben presto i muli diventarono i principali mezzi di trasporto dei rifornimenti. La continua pressione alla fine premiò gli attaccanti.

Con la fine di settembre, il VI° Corpo era riuscito ad aprirsi la via e aveva raggiunto la riva meridionale del Volturno. Intanto, a est, l'8ª Armata di Montgomery avanzava incontrando solo lieve resistenza, ma molti ostacoli creati dai tedeschi per rallentare l'avanzata del nemico. La 1ª divisione canadese entrò a Potenza il 20 settembre e tra il 22 e il 23 la 78ª divisione fanteria britannica e la 4ª brigata corazzata sbarcarono a Bari insieme al comando del V° Corpo d'armata, mentre la 1. FJD si ritirava abilmente dietro il settore dell'Ofanto. Il 28 settembre i britannici si impossessarono delle basi aeree nella zona di Foggia. Quando l'8aArmata raggiunse la linea difensiva del Biferno, Montgomery volle utilizzare i pochi mezzi da sbarco a sua disposizione per aggirare il fianco nemico dalla parte del mare e operare un assalto anfibio per conquistare il porto e la città di Termoli, mentre un attacco frontale avrebbe bloccato il grosso delle forze nemiche.

Due unità *Commando* sbarcarono prima dell'alba del 3 ottobre, colsero i tedeschi di sorpresa e si collegarono con la testa di ponte costituita da reparti della 78ª divisione presso la foce del Biferno. Il 4 ottobre, tuttavia, due *Kampfgruppen* della 16. *Panzerdivision* contrattaccarono la testa di ponte e la situazione degli inglesi apparve quasi disperata dopo che la piena del Biferno, a causa delle violente piogge, aveva spazzato via il ponte costruito dai genieri. Per più di quarantotto ore vi furono combattenti accaniti, poi i genieri completarono un altro ponte e i rinforzi sopraggiunsero, respingendo i tedeschi il 6 ottobre.

Il 9 ottobre Montgomery si fermò per riordinarsi e i tedeschi poterono occupare le posizioni predisposte lungo il corso del fiume Trigno.

La conquista di Napoli e dei campi d'aviazione di Foggia pose formalmente fine all'operazione *Avalanche*.

Gli alleati avevano perso il tutto circa 12.500 uomini.

L'aeroporto di Foggia, preso intatto, poté in tempi brevi diventare la nuova base dei bombardamenti alleati.

La città di Napoli, per conto, era semidistrutta. Gli alleati l'avevano bombardata da terra e dal cielo e i tedeschi avevano distrutto tutto quando potesse avere una qualche utilità militare e non fosse stato possibile portare via: linee telefoniche e telegrafiche, mezzi di trasporto, condutture d'acqua, centrali elettriche. Vari alberghi erano stati dati alle fiamme, molti edifici minati, i ponti fatti saltare, i binari delle linee ferroviarie divelti e le navi nella baia affondate. Ciononostante gli Alleati riuscirono a riaprire il porto al traffico nell'arco di una settimana, e alla fine di ottobre si scaricavano giornalmente circa 7000 tonnellate di materiali, quantità che corrispondeva quasi alla capacità di smaltimento che il porto aveva prima della guerra.

Al principio di ottobre sembrava chiaro agli alleati che Kesselring aveva intenzione di ritirarsi lentamente verso nord, forse facendo tappa su una qualche linea facilmente difendibile a sud di Roma, per guadagnare il tempo necessario a completare le fortificazioni nel settore compreso tra Pisa e Rimini.

Questa linea d'azione era obbligata non solo per accorciare le linee di comunicazione, ma anche perché sbarchi che minacciassero le retrovie tedesche erano ora più che mai possibili dopo l'abbandono della Sardegna il 18 settembre e della Corsica il 3 ottobre.

Un'avanzata verso il Nord Italia era tuttavia difficile, non solo perché a sud di Roma esisteva una linea difensiva naturalmente forte ma anche perché, per preparare lo sbarco in Normandia, nel corso di ottobre quattro divisioni americane e tre inglesi vennero ritirate dal fronte e inviate in Gran Bretagna. Inoltre si stava pianificando anche l'operazione *Dragoon*, lo sbarco nel sud della Francia, per il quale si sarebbero sottratte altre unità al fronte italiano.

Il 15° Gruppo d'armate del generale Alexander non avrebbe più potuto contare su rinforzi significativi né su un massiccio appoggio aereo. A metà ottobre, la linea del fronte seguiva il corso dei fiumi Volturno e Trigno. Il Volturno rappresentava, di per sé, un notevole ostacolo naturale: largo fino a 60 metri, il fiume era in piena per le abbondanti piogge e le sue acque in quel periodo erano profonde, a seconda dei punti, dai 3 ai 5 metri. Dietro questa barriera naturale, Vietinghoff aveva schierato i 35.000 uomini del XIV. *Panzerkorps*, di fronte alla 5a Armata, mentre il LXXVI *Panzerkorps*, di forza all'incirca uguale, si opponeva all'8aArmata lungo il Trigno.

Il generale Clark ordinò l'attacco in massa alla linea del Volturno il 13 ottobre. La 5a Armata attaccò con i suoi due Corpi fianco a fianco, ognuno dei quali impiegò tre divisioni. Per due giorni gli alleati dovettero guadagnare col sangue ogni centimetro. Una finta manovra effettuata dalla 3ª divisione americana sulla sinistra del 6° Corpo ingannò i tedeschi permettendo alla 56ªdivisione inglese di unirsi alla 7ª divisione corazzata e alla 46ª divisione americana a nord del fiume.

A oriente anche gli attacchi dell'8ª Armata sul Trigno ebbero successo, ma ormai Vietinghoff aveva assolto il compito affidatogli, tenendo la linea del Volturno fino al 15 ottobre. Egli ordinò quindi alle sue truppe di ritirarsi combattendo fino alla Linea Bernhard.

La 5a Armata riprese ad avanzare, regolarmente ma lentamente.

Ad ogni nodo stradale, passo montano o guado incontrava l'abile resistenza dei tedeschi, e l'avanzata subiva un momentaneo arresto.

Quando i soldati riuscivano ad aggirare la posizione, i tedeschi erano già spariti. Su un fronte ampio più di 60 chilometri, la 5a Armata avanzò non più di 30 chilometri in venti giorni.

La superiorità tedesca era prima di tutto nelle capacità dei subordinati: la concezione tattica seguita dall'esercito tedesco era la *Tattica dell'incarico, o compito* (*Auftragstaktik*) in antitesi alla *Tattica dell'ordine* (*Befehlstaktik*) in uso presso altri eserciti. La differenza di concezione e di esecuzione fra queste due tattiche è fondamentale: la prima esalta l'intelligenza e le capacità del soldato, la seconda tende a mortificarlo, rendendolo un passivo esecutore di ordini altrui.

Con la *Auftragstaktik* si ordinava una missione e si lasciava all'esecutore libertà di esecuzione del compito affidatogli, per cui egli si sentiva responsabile delle azioni che gli dettavano la propria intelligenza, la propria intraprendenza e le proprie capacità. Un comandante nel dirigere un combattimento, oltre che dimostrarsi coraggioso, era anche in grado di riconoscere per tempo una situazione favorevole e sfruttarla: cosa che in guerra non sempre viene fatta.

Scrive Frido von Senger und Etterlin, il difensore di Cassino:

I compiti operativi costringevano i comandanti a decisioni più o meno autonome. Nelle esercitazioni gli ufficiali imparavano ad agire di loro iniziativa e ad ambire le responsabilità [...] Questo metodo si limitava a dare soltanto le direttive più indispensabili per l'esecuzione di un determinato incarico, per cui il comandante incaricato poteva, entro certi limiti, scegliere liberamente i mezzi e le tattiche che più gli convenivano.

Ogni comandante di unità combattente doveva avere l'autorità e la capacità di variare di continuo le idee sulla situazione tenendo conto sia delle intenzioni e delle possibilità del nemico sia delle sue stesse possibilità. La sua volontà nell'agire doveva essere diretta dal compito (*Auftrag*) che gli era stato assegnato e dalle possibilità dei suoi uomini.
Nella concezione tedesca, a chi riceve un compito deve essere dato il tempo necessario per eseguirlo. Scrive il generale Muhm:

Quanto più è alta la posizione di chi riceve un compito tanto più tempo deve essergli concesso per la sua esecuzione perché le situazioni cambiano di continuo e richiedono il tempo adeguato.
Un subordinato non ha piacere di eseguire un ordine rigido. Solo la sua volonterosa collaborazione nel quadro e nella visione di un compito superiore rende possibile superare le difficoltà più gravi di un esercito moderno e ottenere i risultati ottimali.

Un incarico poteva – se necessario – essere dato come ordine (*Befehl*).
Ancora il generale von Senger:

Nell'Esercito tedesco i quadri di ogni rango erano ben addestrati al comando. C'era una lunga tradizione. Lo stato maggiore tedesco era senz'altro superiore a tutti gli altri stati maggiori per quanto riguardava la rapida e precisa valutazione delle situazioni, le decisioni, che non si prestavano a dubbie interpretazioni, e gli ordini, che venivano espressi con concisa chiarezza. Tutti gli ufficiali erano sottoposti a un continuo addestramento grazie alle esercitazioni sul terreno e con i quadri, e ai viaggi a scopo didattico, in maniera da acquistare una perfetta padronanza dei problemi che avrebbero dovuto affrontare un giorno. I compiti operativi erano sempre concepiti in maniera tale da costringere il comandante interessato a decisioni più o meno autonome.
A questo scopo le esercitazioni in tempo di pace prevedevano spesso situazioni un tantino "forzate": alla comparsa di un "nuovo nemico", il tema prevedeva un'interruzione dei collegamenti o cose simili, che in realtà era spesso accaduto[12].

La libertà nell'esecuzione di un compito assegnato e l'addestramento all'iniziativa personale diventeranno il segno speciale e la forza dell'esercito tedesco. Quanto più l'addestramento e l'istruzione dei comandanti a tutti i livelli

---

[12]Ibid. pp. 67-69.

progrediva verso la *Auftragstaktik*, tanto più la truppa si sentiva sicura nell'esecuzione rapida ed elastica dei suoi compiti di combattimento. A Cassino si sarebbe vista la differenza tra le teorie tattiche tedesca ed alleata, con la dimostrazione della superiorità dell'*Auftragstaktik*.

Nella notte sul 24 ottobre, la 10. *Armee* si rischierò sulla linea *Barbara*, davanti a Monte Massico: il diario storico dell'OKW annotò che

La linea B avrebbe dovuto essere raggiunta [dagli alleati] il 17. L'avanzata nemica è quindi stata ritardata una settimana in più di quanto era stato originariamente previsto.

Merita di essere ricordato l'ingresso in linea dei primi combattenti italiani dopo l'armistizio, dalla parte dei tedeschi, il battaglione bersaglieri volontari M *Benito Mussolini*[13], costituito a Roma all'indomani dell'armistizio e schierato in linea tra Falciano e Mondragone.

Il 29 ottobre 1943, sul Monte Massico (Quota 813) a tarda notte, avveniva il battesimo del fuoco degli italiani dell'Esercito Nazionale repubblicano: gli statunitensi, con un forte appoggio di carri armati, tentarono di sfondare la Linea *Viktor*, che dal Fiume Biferno, in Molise, arrivava fino al Volturno. Con le sole bombe a mano e bottiglie incendiarie, Cesare (Rino) Cozzarini e i suoi uomini riuscirono a resistere, catturando circa trecento soldati alleati e quattro carri armati, al costo di 192 caduti. In seguito, il reparto italiano venne aggregato alla 3.ª *Panzergrenadier-Division* schierata sul fronte di Mignano Montelungo, lo stesso che l'8 dicembre 1943 verrà conquistato dagli italiani del 1° Raggruppamento Motorizzato.

A Quota 1170, dal 5 al 10 novembre 1943, un nuovo attacco alleato tentò di sfondare le difese tedesche: fu qui che il giovane veneziano Rino Cozzarini, promosso nel frattempo al grado di Capitano e insignito della Croce di Ferro tedesca, trovò la morte, mentre con i suoi uomini portava un assalto a carri nemici, armato di bombe a mano. Filippo Tommaso Marinetti gli dedicò uno dei suoi ultimi lavori, *L'aereopoema di Rino Cozzarini*:

In ginocchio
si intrufola nelle linee mitraglianti
l capitano Rino Cozzarini
con bombe a mano sventagliando morte
svincola il suo battaglione
accerchiato in un vigneto colmo di vampe
e pampini carbonizzati
come si libera un sentimento ideale
da acredini pessimiste.

L'avanzata del Volturno alla Linea *Bernhard* aveva portato le due Armate alleate

---

[13]Da non confondere con l'omonimo battaglione dell'8° Bersaglieri costituito a Verona ed operante sul confine orientale.

vicino all'esaurimento. Con le sottrazioni di truppe per la preparazione di *Overlord*, né Clark né Montgomery potevano togliere truppe dal fronte per concedere loro adeguato riposo.

Nessun rinforzo era previsto fino a dicembre e gennaio. Perciò il 15 novembre fu autorizzata una pausa di due settimane nelle operazioni per permettere ai soldati della 5a Armata di riposare e riorganizzarsi[14].

Le truppe agli ordini di Clark comprendevano anche il 1° raggruppamento motorizzato italiano, la 1ª S*pecial Service Force*, un'unità di *commando* mista statunitense-canadese a livello di brigata, il *Corp Expeditionnaire Français*, comandato dal generale Alphonse Juin e composto dalla 2ª divisione marocchina e dalla 3ª divisione algerina. Il 28 novembre nel settore adriatico, lungo il corso del fiume Sangro l'8ª Armata attaccò la Linea *Bernhard* con tre divisioni.

Sotto un tempo inclemente, tra piogge torrenziali e le prime nevi, i tedeschi difesero il terreno dal nemico metro per metro, mentre ripiegavano per 20 chilometri sulle posizioni lungo il fiume Moro e nelle cittadine di Orsogna e Ortona.

Quella di Ortona fu un classico esempio di battaglia in un centro abitato, scrivono Ronchetti e Ferrara. La città era difesa dalla 1. *Fallschirmjäger-Division* tedesca, comandata dal generale Richard Heidrich, giunta mentre i canadesi attaccavano la strada per Orsogna. In particolare, la responsabilità fu affidata al II° battaglione del 3. *Fallschirmjäger- Regiment* comandato dal capitano Liebscher, che godeva fama di esperto in combattimenti nei centri abitati. Egli preparò minuziosamente le difese della città, scegliendo di resistere attivamente soltanto nella metà settentrionale, mentre il settore meridionale fu minato e le case trasformate in micidiali trappole esplosive oppure fatte saltare per ostacolare l'avanzata dei cingolati alleati. Tutti i capisaldi vennero collegati da gallerie, mentre le vie d'accesso furono anch'esse minate e tenute sotto tiro organizzato, a parte la via principale, lasciata di proposito sgombra per favorire l'ingresso alleato. Le truppe incaricate di aprirsi un varco attraverso la città furono quelle della 2a brigata canadese, le quali avanzarono combattendo casa per casa su un fronte largo poco più di duecento metri. I combattimenti si svolsero così ravvicinati che fu impossibile avere l'appoggio dell'artiglieria. Un intero plotone di canadesi rimase sepolto sotto una casa dov'era stata installata una bomba a tempo. Nello stesso settore un ordigno esplosivo uccise venti paracadutisti tedeschi.

Seguirono giorni di sanguinosi combattimenti senza sosta: perfino il giorno di Natale i canadesi del 22° reggimento Seaforth Higlanders riuscirono a partecipare ad un banchetto improvvisato nella chiesa di S. Maria di Costantinopoli facendo i turni. Soltanto il 28 dicembre, dopo aver pagato un carissimo prezzo in vite umane, i canadesi riuscirono a raggiungere il limite opposto della città. Come scrisse lo stesso Montgomery: *Le truppe canadesi si comportarono in modo magnifico e alla fine riuscirono a sopraffare i tedeschi.*

Il battaglione del capitano Liebscher si ritirò dietro il corso del torrente Riccio, a 3 chilometri a nord di Ortona, dov'era appostato il resto del reggimento paraca-

---

[14] Ibid., pp. 47 segg.

dutisti. Con pesanti perdite, si scontrarono con i parà tedeschi anche gli indiani, posizionati nell'entroterra ortonese, mentre, ancora più all'interno, i neozelandesi e la 5a divisione inglese il 23 dicembre fecero un ultimo disperato tentativo di forzare il blocco di Orsogna, finché, il giorno di Natale, ricominciò a piovere e così si esaurì la spinta del XIII Corpo.

Nel settore montano della 78a divisione arrivarono anche forti nevicate e fra le truppe ci furono numerosi casi di congelamento[15].

Le perdite britanniche divennero sempre più elevate e il 28 dicembre Montgomery ordinò di sospendere l'offensiva, lo stesso giorno in cui la 1ª divisione canadese aveva infine conquistato Ortona combattendo casa per casa.

Due giorni dopo Montgomery lasciò il fronte per assumere il comando delle forze del *Commonwealth* che dovevano sbarcare in Normandia e il suo posto alla testa dell'8ª Armata fu assunto dal generale Oliver Leese.

Nel settore della 5a Armata il II° Corpo attaccò il 29 novembre la zona di monte Pantano.

Il 10° Corpo britannico iniziò il primo dicembre un'azione dimostrativa per attirare forze tedesche verso la costa e lanciò poi l'attacco principale in direzione di monte Camino.

Nella notte fra il 2 e il 3 dicembre, il II° Corpo riuscì a conquistare monte Camino, ma impiegò una settimana per sloggiare i tedeschi dalla zona e poter continuare l'avanzata verso le linee tedesche nell'area di San Pietro. La mattina dell'8 dicembre 1943, reparti del I° Raggruppamento Motorizzato italiano (gen. Umberto Utili), inquadrato nel II° Corpo statunitense, attaccarono Monte Lungo, mentre gli americani attaccavano monte Sammucro e il villaggio di San Pietro.

Gli attacchi vennero appoggiati da un intenso fuoco d'artiglieria: furono sparati 75.000 proiettili nelle prime quarantotto ore dell'azione. I bersaglieri italiani conquistarono il loro obiettivo, ma i tedeschi contrattaccarono con precisione e violenza implacabili. Fanti e bersaglieri resistettero per tre ore, ma alla fine dovettero ritirarsi. Al di là dell'autentico eroismo dimostrato dai combattenti italiani non fu una pagina esaltante per i vertici militari: i bersaglieri e i fanti, vestiti con uniformi coloniali con uno stemmino sabaudo sul taschino con temperature rigidissime- perché la tela coloniale ricordava il kaki delle divise alleate, mentre quelle di lana grigioverde erano considerate *fasciste* e di colore troppo simile al *feldgrau* tedesco- vennero mandati allo sbaraglio, in salita a compier un attacco frontale contro i nidi di mitragliatrici per ragioni politiche e dimostrative prima ancora che militari. Al di là dell'esaltazione del comportamento valoroso dei bersaglieri, può essere interessante leggere il contenuto di una nota che il capo della provincia di Frosinone, Arturo Rocchi, inviò al Ministero degli Interni della R.S.I. su sollecitazione del comando del XIV. *Panzerkorps* tedesco:

Come risulta da informazioni fornite da fonti fiduciarie e dagli interrogatori di prigionieri, queste truppe italiane del rinnegato Badoglio sono dotate di scarso spirito combattivo

---

[15]Ronchetti, Ferrara, cit., pp. 20-21.

perché essendo costituite per la maggior parte da elementi nativi del nord Italia, sono desiderose di passare le linee per ricongiungersi alle loro famiglie, ad eccezione del battaglione d'assalto, già provato da duri combattimenti e che si è particolarmente distinto in numerose azioni di guerra contro i germanici[16].

I texani della 36ª divisione da parte loro raggiunsero la cima di monte Sammucro ma non riuscirono a eliminare la resistenza tedesca sulla montagna.
A San Pietro Infine i *Panzergrenadiere* della 29. resistettero più di una settimana in quello che fu uno dei più duri e cruenti combattimenti di tutta la campagna d'Italia. Ecco come descrive la battaglia il generale Mark Clark:

Il 10° corpo del generale McCreery, composto della 46ª e della 56ª divisione, era schierato alla nostra sinistra dalla costa al monte Camino. A questo punto, dove la strada N. 6 si svolge tra le alture, al varco di Mignano, cominciava il territorio del 2° corpo americano agli ordini del generale Geoffrey Keyes. Il corpo teneva un fronte di circa otto chilometri che s'incurvava prima a nord verso il monte Lungo e quindi a nord-est oltre l'altura di Cannavinelle. Il 2° corpo comprendeva la 3ª e la 36ª divisione. Il 6° corpo (generale Lucas) prolungava la linea stendendosi a nordest per altri 24 chilometri di montagna fino ad un punto vicino a Castel San Vincenzo. Di fronte alla 5ª armata, che aveva ora in riserva anche la 1ª divisione corazzata statunitense i tedeschi schieravano, a sbarramento della strada che conduceva a Roma per la valle del Liri, il 14° corpo corazzato. Formava questo corpo l'equivalente di cinque divisioni e mezzo: due divisioni di *Panzer Grenadiere* (fanteria motorizzata) e due divisioni e mezzo di fanteria in linea, più la *Panzer Division Hermann Goering* (corazzata) in riserva ravvicinata. Poco v'era da scegliere per noi. Null'altro potevamo fare se non aprirci a forza la via attraverso l'angusto varco di Mignano adiacente al monte Camino; e Kesselring lo sapeva benissimo nonostante le nostre finte lungo la costa o altrove. Alle 4,30 del pomeriggio del 2 dicembre aprimmo il fuoco contro la linea invernale con 925 pezzi di artiglieria; tutti, meno 105, tiravano sulle posizioni che il nemico occupava sulle pendici nude e rocciose del monte Camino. Durante i due giorni seguenti tonnellate di proiettili ad alto esplosivo e al fosforo percossero il massiccio – 60 – collinoso che bloccava la via. In totale, la 5ª armata sparò 206.929 proiettili del peso complessivo di 4066 tonnellate, contro le caverne e le trincee profonde dei tedeschi, mentre le nostre truppe – 61 – avanzavano contro le aspre vette. [...]. Due contrattacchi nemici vennero infranti, uno di essi da dieci minuti di fuoco d'artiglieria: 338 colpi sparati dal 132° battaglione d'artiglieria campale. Il 9 dicembre la zona a sud della statale N. 6, con la sola eccezione del monte Lungo, era in nostre mani. [...]. Durante la prima settimana dell'offensiva contro la linea invernale tedesca, così la 2ª divisione marocchina come il raggruppamento motorizzato italiano entrarono in azione nel settore americano.
Gli italiani ebbero un esordio difficile. Avevano avuto l'ordine di spostarsi a nord della strada N. 6 per assalire il monte Lungo. Dovettero così passare accanto al 142° fanteria americano, il quale non s'aspettava di vedere quelle uniformi alleate e si affrettò quindi a catturare il primo reparto di ricognizione. Risolto l'incidente, gli italiani vennero portati in posizione per assalire il monte Lungo. La notte prima dell'attacco alcuni soldati italiani si erano avvicinati alle linee germaniche ed avevano gridato minacce e insulti,

---

[16]C. Jadecola, *Linea Gustav*, Sora, 1994, p. 345.

promettendo che avrebbero puniti i nazisti i quali avevano abbandonato le truppe italiane durante la campagna d'Africa. Disgraziatamente i tedeschi furono avvertiti in questo modo dell'attacco imminente. Il giorno dopo gli italiani prendevano d'assalto il monte Lungo e ne raggiungevano quasi la vetta, ma un forte reparto tedesco pronto a contrattaccare da una posizione favorevole li respinse. Quando parlai col generale Dapino, il giorno seguente, egli mi disse che il suo reparto era stato preso sotto un fuoco incrociato e che temeva d'aver perduto almeno 300 uomini. Il raggruppamento fu assai scosso, ma rimase in posizione e più tardi (16 dicembre) partecipò alla espugnazione definitiva del monte Lungo. [...].

Quando ritornai al mio quartier generale era evidente che mentre il primo assalto ci aveva dato le vette del gruppo m. Camino-m. Maggiore, il nostro progresso si era poi rallentato e ci trovavamo di fronte ad una serie di montagne che dovevano essere espugnate ad una ad una, lentamente e penosamente. [...]. Per quasi una settimana la fanteria americana, appoggiata da qualche carro armato, aveva cercato di irrompere nel villaggio di San Pietro Infine che giace nel varco di Mignano sul lato nord della strada N. 6. Noi dovevamo prendere il varco che i soldati chiamavano talvolta la Valle della Morte per raggiungere la vallata del Liri. Ripetuti attacchi erano falliti perché il villaggio era situato sul ripido fianco a terrazze d'una altura e i tedeschi tenevano dietro ad esso il dominante monte Sammucro ed anche il monte Lungo che si elevava dall'altra parte del varco, sul lato meridionale della strada N. 6.

Da queste due alture i tedeschi dominavano ogni approccio a San Pietro e ripetutamente respinsero le nostre puntate contro il villaggio. La notte dal 15 al 16 dicembre tuttavia, il 142° fanteria aveva finalmente espugnato il monte Lungo e nel tempo stesso il 141° fanteria aveva lanciato un nuovo attacco contro San Pietro, sotto il comando del tenente colonnello Aaron W. Wyatt Jr. Il risultato era ancora incerto quando, il 16 dicembre, mi spinsi lungo la strada N. 6 fino a un punto non lontano dall'abitato di Mignano, dove un sentiero si dirama dalla statale addentrandosi nelle colline. Le nostre jeeps passarono dalla strada sul sentiero fangoso e con grande difficoltà raggiunsero un'alta collina occupata da noi e che era l'ultima protezione contro il fuoco d'artiglieria nemico dal Sammucro. Di là procedemmo a piedi fino ad una insellatura tra le colline, nella direzione di San Pietro. Il sole, una volta tanto, era uscito dalle nubi ed il terreno si stava asciugando quando raggiungemmo alcuni elementi del 141° fanteria in posizione presso un oliveto. Era ovvio che l'attacco a San Pietro era nuovamente fallito.

Il 16 dicembre però il 142° reggimento di fanteria della 36ª divisione *Texas*, appoggiato dagli italiani del Raggruppamento Motorizzato, conquistò con un attacco di sorpresa monte Lungo, mentre veniva occupato anche Monte Sambucaro; i *Panzergrenadiere*, per eludere il rischio di aggiramento, si sganciarono da San Pietro Infine, ripiegando sulle posizioni retrostanti.

Così il maggiore Rudolf Böhmler[17] descrive la presa del Monte Sambucaro:

---

[17] Rudolf Böhmler nacque a Stoccarda il 12 giugno 1914 ed entrò nell'esercito tedesco il 5 aprile 1934. Passò nei paracadutisti il 12 aprile 1938 e dal 1° agosto 1940 divenne ufficiale del FJR 3. Combatté in Polonia, in Olanda, Francia, Creta ed in Russia dove venne decorato con la croce tedesca in oro; dopo aver combattuto in Sicilia, a Cassino venne decorato con la *Ritterkreuz* il 26 marzo 1944 per il suo eroico comportamento durante la seconda battaglia di Cassino e promosso a maggiore, comandante il I. btg del FJR 3. Venne gravemente ferito a maggio durante la difesa

Lo stesso giorno [16 dicembre] cadde il Monte Sambucaro. Il Monte, con i suoi 1.205 metri era il punto chiave della "Linea Reinhard". Chi lo dominava aveva vista libera su Cassino, nella Valle del Liri e nella Valle del Rapido. Per lunghi giorni i G.I. del 141° e 143° Reggimento di fanteria e i cacciatori del 504° Reggimento paracadutisti combatterono contro questo baluardo difeso così eroicamente dal 71° Reggimento *Panzer-Grenadier*. Gli aggressori registrarono gravi perdite. Il I Battaglione del 143° Reggimento perse i due terzi dei suoi effettivi, al II Battaglione del 141° Reggimento, dopo i due vani attacchi contro S. Pietro [Infine], erano rimasti solo 130 uomini. E questo accadde lottando contro un reggimento tedesco che, dalla Sicilia in poi, aveva combattuto quasi ininterrottamente, gettato nel cuore della mischia, proprio come la Divisione Fries, le cui compagnie erano composte ormai soltanto da un pugno di uomini, duri, con la barba lunga, ma non ancora domati. A loro, e soprattutto ai difensori della cima del Sambucaro, il II Battaglione, le cui magnifiche gesta ebbero il meritato riconoscimento anche nei bollettini di guerra, va la gloria più grande. Non ultimo fu lo stesso Feldmaresciallo Kesselring a riconoscere l'alto valore combattivo della 29ª Divisione *Panzergrenadier* [18].

La battaglia di san Pietro Infine è legata ad un aneddoto cinematografico: il capitano dell'*Army Signal Corps* John Huston, uno dei maggiori registi di Hollywood[19], venne incaricato di girare un documentario sulla battaglia, *The Battle of San Pietro*: il cortometraggio, considerato oggi un capolavoro, venne proibito per la crudezza di una sequenza che mostrava dapprima alcuni G.I. del 143rd US Inf. *Regiment* della *Texas* intervistati prima della battaglia e poi gli stessi uomini caduti in combattimento infilati nei sacchi per cadaveri.
Quando venne accusato di aver fatto un film contro la guerra, il regista rispose che se avesse fatto un film a favore avrebbe meritato di essere fucilato.
The Battle of San Pietro venne proiettato solo nel 1945, su pressioni del generale George Marshall, e Huston promosso a maggiore.
Gli alleati, per uscire dalla situazione di stallo sulla *Gustav* pianificarono un'altra operazione di sbarco da compiere nella zona di Anzio- all'epoca unita con Nettuno nel comune di Nettunia- e alla quale venne destinato il VI° Corpo americano, che fu perciò ritirato dalla prima linea. Per facilitare la preparazione dello sbarco, che era stato programmato dopo la metà di gennaio 1944, il *Corp Expeditionnaire Français* sostituì in linea il VI° Corpo d'armata americano. Entro la fine dell'anno Clark poté contare anche sulla 1ªdivisione corazzata americana come riserva mobile. Tra il 5 e il 15 gennaio 1944 la 5a Armata riprese ad attaccare lungo tutto il fronte: il II° Corpo, al centro, condusse l'attacco principale,

---

di Monte Calvario; in seguito venne promosso a colonnello comandante del FJR 4. Nel 1955 scrisse il libro *Monte Cassino*, ancor oggi il miglior lavoro sull'argomento. Morì nella sua città natale nel 1968.
[18]R. Böhmler, *Monte Cassino*, tr. it. Roma 1979, p. 15.
[19] Prescindendo dai suoi film postbellici, all'epoca Huston aveva diretto *The Maltese Falcon* con Humphrey Bogart (1942), *In This Our Life*, con Bette Davies (1942) e *Across the Pacific*, ancora con Bogart (1942).

mentre il CEF e il X° Corpo britannico avevano il compito di sostenerlo con attacchi secondari. Sull'ala destra, la 1ª *Special Service Force* conquistò monte Maio e lo difese per tre giorni dai determinati contrattacchi tedeschi.

Il 6 gennaio cadde il villaggio di San Vittore, dopo combattimenti particolarmente aspri, e il 7 furono conquistati monte La Chita e monte Porchia.

All'ala sinistra, i tedeschi resistettero al X° Corpo fino all'8 gennaio, ritirandosi poi in tempo per evitare di rimanere intrappolati. Le truppe alleate continuarono a premere e il 14 gennaio un ultimo assalto incontrò limitata resistenza: i tedeschi si erano ritirati dietro il fiume Rapido.

La Linea *Bernhard* era stata sfondata, ma davanti agli Alleati si trovavano ora le formidabili difese della Linea *Gustav*, che facevano perno intorno a Cassino. Berlino comunicò:

Il Führer chiede che ciascuno tenga la linea *Gustav* fino all'estremo e fa assegnamento sulla più accanita difesa di ogni metro di terreno.

Il 19 dicembre Clark mostrò ad Eisenhower la linea del fronte presso Mignano Monte Lungo. I comandanti alleati erano certi della prossima vittoria:

Il giorno dopo [19 dicembre, ndA] condussi Ike a far un giro nel settore di Mignano. Prendemmo soltanto due *jeeps* lasciando il resto del nostro seguito un po' oltre Mignano per non attirare l'attenzione dell'artiglieria nemica postata sulle alture dinanzi a noi, e raggiungemmo un anello della strada N. 6 da dove potevamo veder bene la posizione di San Pietro e la strada che conduceva nella valle del Liri.

Dalle montagne a nord scendeva veloce il Rapido per gettarsi nel Garigliano a valle della piccola città di Cassino. Pensammo che, una volta ributtati i tedeschi oltre il Rapido, saremmo stati in grado di lanciare l'attacco anfibio ad Anzio, mentre la 5ª armata si sarebbe spinta all'offensiva su per la valle del Liri per unirsi poi alle truppe di Anzio. Quel giorno, 19 dicembre, scrutammo a lungo la strada nella direzione dei picchi oltre Cassino.

Non sembravano molto lontani guardandoli attraverso la valle e nessuno avrebbe potuto immaginare che saremmo ancora stati a guardare quelle aspre colline quando la primavera sarebbe ritornata sugli Appennini.

2.

L'ASSALTO ALLA LINEA *GUSTAV*
E LA PRIMA BATTAGLIA DI CASSINO

Ach schwarzbraunes Mädel,
Warum weinest du so sehr?
"Ein Unteroffizier
Von der ersten Kompanie
Hat mir mein Ehr' genommen."

Der Hauptmann, der war
Ein gestrenger Mann
Die Trommeln ließ er rühren,
Ein'n Galgen ließ er bau'n,
Den Fähnrich ließ er henken.

Es zog ein Regiment
Vom Ungarland heraus
ein Regiment zu Fuß,
Ein Regiment zu Pferd,
Ein Bataillon *Deutschmeister*.

(*Es zog ein Regiment vom Ungarland herauf*, canzonte tradizionale degli *Hoch und Deutschmeister*).

Infatti sulla linea *Gustav* Kesselring riuscì a bloccare gli angloamericani per tutto l'inverno infliggendo loro perdite sanguinose e solo a maggio del 1944 riuscirono a passare, così come accadde alle truppe alleate sbarcate ad Anzio ed a Nettuno.I numeri erano dalla parte degli angloamericani: gli Alleati (XV Gruppo di Armate) disponevano di 23 divisioni, 6 brigate, 4 gruppi speciali Artiglieria e mezzi corazzati: 2.000 cannoni, 2.300 carri arrnati, 5.000 mezzi blindati,10.000 autocarri; l'aviazione alleata contava 950 bombardieri e 400 caccia e caccia-bombardieri.
 Kesselring disponeva a sua volta di 14 divisioni con 410 pezzi di artiglieria da campagna, 200 cannoni da 88 mm., 290 carri armati ed 82 semoventi[20].
Tra gli ufficiali tedeschi che si trovarono a Montecassino meritano una menzione particolare il tenente colonnello cinquantenne Julius Schlegel, da civile proprietario di una ditta di imballaggi e traslochi di Vienna, ed il trentatreenne capitano medico Max Becker, appassionato di archeologia, entrambi in forza alla divisio-

---

[20]Si vedano gli ordini di battaglia in appendice al presente volume.

ne *Hermann Göring*, i quali si adoperarono affinché si organizzasse un piano di salvataggio di tutte le opere d'arte custodite nell'Abbazia, che comprendevano anche le collezioni di Capodimonte e di altri musei campani poste in salvo a Monte Cassino, considerato un luogo sicuro.

La reazione del generale Conrath e soprattutto del *Generalfeldmarschall* Kesselring fu estremamente positiva, e Schlegel fu ufficialmente incaricato di occuparsi del salvataggio.

Il 14 ottobre il tenente colonnello Schlegel espose all'abate Gregorio Diamare, piuttosto riluttante, il pericolo che correva l'Abbazia di Monte Cassino, che di lì a poco si sarebbe trovata al centro della linea *Gustav*, e riuscì, quindi, a far mettere al sicuro gran parte dei tesori dell'Abbazia stessa che furono consegnati l'8 dicembre in Vaticano; per trasportarli furono usati, su ordine dello stesso Kesselring, ben 120 autocarri.

14 ottobre 1943
In mattinata si presentano alle porte dell'abbazia di Montecassino, provenienti da Teano e inviati dal tenente generale Conradt [sic! nda], comandante della divisione corazzata *Göring*, il capitano medico Massimiliano Giovanni Becker e il tenente colonnello Julius Schlegel per invitare l'abate a disporre il trasporto in luogo sicuro del prezioso archivio e del tesoro dell'abbazia visto l'avvicinamento del teatro di guerra a Montecassino. Da parte dei monaci, indecisi e diffidenti, si frappongono difficoltà, come la mancanza di autorizzazioni dello Stato italiano, visto che tutto il patrimonio dell'abbazia è proprietà dello Stato e che i monaci ne sono solo custodi. Gli ufficiali assicurano di assumersi tutte le responsabilità nei confronti dello Stato italiano essendo già d'accordo con il Ministero dell'Educazione Nazionale per la consegna del prezioso materiale allo stesso Stato italiano.

15 ottobre 1943.
I due ufficiali tedeschi ritornano a Montecassino annunciando che la situazione militare è peggiorata e che quindi è assolutamente urgente effettuare il trasporto del patrimonio abbaziale in luogo sicuro e far sgomberare il monastero dalle persone che vi risiedono (monaci e rifugiati civili). Essi stessi requisiscono gli operai necessari per provvedere all'imballaggio di tutto il materiale e forniscono legname già tagliato su misura e pacchi di chiodi. Tra le cose da trasferire figura anche il tesoro di S. Gennaro di Napoli ed il monetario di Siracusa, depositati nel monastero per ordine dei Reali, fiduciosi che il sacro sito non dovesse subire le violenze della guerra. I monaci ottengono di portar via, a titolo di bagaglio personale, tutto quanto figura come proprietà privata dell'abbazia; fra tali cose vengono inseriti anche alcuni dei codici più preziosi dell'archivio, per avere la certezza che non vadano trafugati. Si decide anche che insieme alle casse vadano a Roma, sugli autocarri tedeschi, le monache Benedettine, le suore di Carità e le suore Stimmatine con le loro orfanelle.

Nella stessa giornata l'abate Gregorio Diamare scrive una lettera al generale Hube, comandante del XIV Corpo d'Armata delle truppe corazzate tedesche, per pregarlo di risparmiare la vita dei 22 ostaggi innocenti di S. Antonino e di evitare ulteriori danni e sofferenze al centro urbano di Cassino.

17 ottobre 1943

Il gen. Hube risponde all'abate di Montecassino per informarlo di aver disposto la salvezza degli ostaggi e la distruzione delle case e dei possedimenti dei colpevoli e dei loro parenti più stretti; aggiunge: "Mi sia concesso l'esprimere una preghiera a mia volta: le sempre maggiori incursioni aeree del nemico potrebbero eventualmente compromettere la sicurezza dell'Abbazia di Montecassino. Sarei perciò infinitamente grato a Vostra Eccellenza se i suoi grandi valori d'arte fossero portati al sicuro, sia trasportandoli a Roma, sia in altro modo adatto. Mi riferisco soprattutto all'importante opera di storia tedesca della biblioteca del Monastero". Proprio in giornata parte il primo camion alla volta di Roma con le preziose capsule dell'archivio di Montecassino[21].

Contemporaneamente venne fatta sfollare la popolazione civile e tutto il territorio circostante l'Abbazia, ovvero la vallata, i monti vicini, e la stessa città di Cassino divennero una vera e propria fortezza con trincee, casematte, cannoni, carri armati interrati, campi minati[22].

Kesselring in occasione della fine dell'anno rivolse alle truppe tedesche il seguente ordine del giorno:

Finisce oggi il fatale 1943, il quarto di guerra. Nonostante la enorme massa delle truppe anglo-americane schierate (...) il nemico non è stato in grado di distruggere le Forze Armate tedesche nella zona del Mediterraneo. Le speranze di Eisenhower e di Montgomery sono naufragate perché abbiamo potuto superare tutte le difficoltà della guerra di montagna, tutto il peso del più pesante fuoco d'artiglieria e dei più massicci bombardamenti aerei. Di questo bisogna esservi grati. Il vostro contegno morale e materiale e la capacità dei Comandanti sventeranno anche nel 1944 qualsiasi tentativo di distruzione da parte del nemico.

La prima battaglia di Cassino ebbe inizio nel pomeriggio del 17 gennaio quando il X° Corpo d'armata britannico dette il via al bombardamento d'artiglieria contro la fanteria tedesca.

Tre divisioni britanniche attaccarono quindi lungo il corso inferiore del fiume Garigliano; la 5a e la 56a divisione riuscirono dapprima a stabilire delle teste di ponte nei pressi di Minturno e Castelforte, ma furono duramente contrattaccate e fermate dalle riserve strategiche che i tedeschi avevano fatto affluire. Il piano ideato dagli Alleati sembrava funzionare, ma gli imprevisti erano dietro l'angolo. Un terzo attacco britannico doveva essere lanciato dalla 46a divisione in direzione di Sant'Ambrogio e aveva l'importantissimo compito di proteggere il fianco sinistro del II° Corpo americano che doveva forzare un passaggio nella valle del Liri; tuttavia il comandante del X° Corpo britannico, generale McCreery, nutriva scarsissima fiducia sulla possibilità di successo del piano strategico alleato, e, per evitare di disperdere le sue truppe, destinò all'azione verso Sant'Ambrogio solo una brigatala quale non riuscì a superare il Garigliano e venne ritirata.

[21]E. Pistilli, *la battaglia di Cassino giorno per giorno (10 settembre 1943- 4 giugno 1944)*, Cassino, 1999., p. 44.
[22] Ibid.

Scrive il giornale della R.S.I. *Crociata Italica* del 10 gennaio 1944:

Un reparto d'assalto delle forze germaniche di sicurezza del Garigliano, dove già gli Anglo- americani avevano tentato uno sbarco sul litorale di Minturno con un contingente di truppe scozzesi, sbarco che è finito miseramente sul nascere, è rimasto per 48 ore sulla riva meridionale del Garigliano, a tergo delle linee avanzate della V Armata riuscendo ad effettuare distruzioni di opere belliche nemiche. Dopo aver annientato un posto di osservazione anglo-americano, esso è riuscito, di notte, a passare a nuoto il fiume ed a rientrare alla propria base.

Il XIV. *Armeekorps* tedesco di fronte al rischio di veder crollare il fronte di Cassino, fu costretto a chiedere rinforzi (29. e 90. *Panzergrenadiere*).
La principale difesa, per Kesselring, era costituita dal corso dei fiumi Rapido e Gari, le cui acque scorrono con una velocità di circa 13 Km/h raggiungendo anche una profondità di 3 metri.
La notte tra il 17 e il 18 gennaio il 141° reggimento americano, cercò di penetrare oltre il fiume Gari senza riuscirvi.
Il 20 gennaio le compagnie d'assalto americane dei reggimenti 141° e 143° della 36ª Divisione *Texas* tentarono nuovamente l'attraversamento del Gari, riuscendovi solo parzialmente a causa della resistenza dei tedeschi che avevano salvato dai bombardamenti gran parte delle armi pesanti: soltanto poche compagnie dei due reggimenti riuscirono ad attraversare il fiume Gari (chiamato Rapido dalla propaganda di guerra alleta, ndA) sotto il violentissimo fuoco di sbarramento aperto dai *Panzergrenadiere* della 15.*PzGr- Division*. La notte seguente gli statunitensi ritentarono l'attacco, ancora una volta senza alcun risultato, ed i pochi superstiti dovettero riattraversare il fiume Gari per ritirarsi.
Nella battaglia di S. Angelo in Theodice, che un giornalista americano definì il *maggior disastro delle armi americane dopo Pearl Harbor*, in meno di 48 ore la 36ª Divisione *Texas* venne letteralmente decimata: le perdite assommarono a 1.681 uomini tra morti, feriti e dispersi, di cui 875 fra prigionieri e dispersi, compresi i comandanti dei reggimenti destinati agli attraversamenti.
Il 24 gennaio il II° Corpo statunitense attaccò pochi chilometri a nord di Cassino con la 34a Divisione, in seguito rinforzata da ciò che restava della 36a Divisione. Dopo giorni di durissimi combattimenti nel pieno di un inverno molto rigido i G.I. americani riuscirono ad occupare una serie di colline in prossimità dell'Abbazia di Montecassino, infliggendo forti perdite ai reparti della 44. *Reichsgrenadier-Division Hoch und Deutschmeister*[23] che erano schierati a difesa

---

[23]La 44. divisione riprendeva nome e tradizioni (*Ehrenname*) da uno dei più gloriosi reggimenti austriaci, il *K.u.K. Regiment Hoch und Deutschmeister* nr.4, reggimento fondato nel 1696 e che traeva il nome dal fatto di avere come colonnello proprietario il Gran Maestro dell'Ordine Teutonico; l'area di reclutamento era Vienna. Unici reparti del III Reich i reggimenti della 44. *Reichsgren. Div. HuD* avevano come bandiera di guerra l'aquila bicipite asburgica da un lato e la bandiera con la svastica dall'altro. Per commemorare le origini e la partecipazione alla battaglia di Stalingrado i granatieri della 44. HuD portavano sulle spalline la *Stalingradkreuz*, una versione

della zona, ma ai veterani di Stalingrado della 44. giunsero rinforzi della 90. *Panzergrenadier- Division* e soprattutto il *Fallmschirmjäger- Regiment* 3., distaccato dalla 1. *Fallmischirmjäger-Division* impegnata in Abruzzo. I combattimenti interessarono anche la periferia nord di Cassino, dove gli statunitensi furono più volte respinti dalla strenua difesa degli uomini di Kesselring, tanto che le forti perdite subite dagli statunitensi non consentirono loro di effettuare il balzo decisivo verso la valle del Liri progettato da Clark e il 12 gennaio venne deciso di porre fine all'offensiva, dopo aver respinto un forte contrattacco tedesco su Monte Castellone.

Intanto la 3ª Divisione di fanteria algerina a capo del maggiore generale de Goislard de Monsabert cercava di attaccare sul fronte di Cassino per occupare Monte Belvedere, Colle Abate e Terelle. I combattimenti tra tedeschi e coloniali francesi vennero citati nel bollettino dell'OKW:

In Italia meridionale ad occidente di Venafro proseguono i violenti combattimenti difensivi. La località di Cervaro e un dorso montuoso a nord-est di essa sono andati perduti dopo dura lotta.

Alla vigilia dell'attacco Juin[24] ordinò al al maggiore generale Goislard de Monsabert di definì ed attuare il piano di attacco verso gli obiettivi prestabiliti, nella speranza di sfondare le linee arretrate della *Gustav*.

Il piano di manovra di de Monsabert prevedeva di non attaccare nella parte bassa della valle, là dove il nemico si sarebbe aspettato e dove maggiori erano gli ostacoli da oltrepassare, bensì cercare più a nord, nella parte alta della valle, un punto di minor sorveglianza, la contrada Olivella, ad esempio, ai piedi di Monte Cifalco, e lì aprire una breccia nella Linea *Gustav* ed avanzare fino alla vetta del Belvedere. Mentre le truppe tunisine avanzavano lungo le pendici del Monte, le unità algerine avrebbero provveduto a "picchettare" il corridoio, proteggendo i loro compagni da un sicuro contrattacco. In tal senso fu ordinato al 3eme *Régiment de Fousiliers Algerién* di proteggere il fianco destro dell'avanzata a monte della vallata del Rio Secco, mentre le unità corazzate del 3eme *Spahis* al coman-

---

stilizzata della Croce gigliata dei Gran Maestri dell'Ordine Teutonico.

[24] Figlio di un gendarme, nacque il 16 dicembre 1888 a Bona in Algeria. Formatosi all'*École spéciale militaire* di Saint-Cyr, allo scoppio della Prima guerra mondiale fu inviato sul fronte occidentale alla testa di un'unità di *tabors* marocchini, dove, a seguito di una grave ferita, perdette l'uso di un braccio. Promosso colonnello, insegnò tattica alla Scuola di guerra e nel 1938 ritornò in colonia col grado di capo di Stato Maggiore generale e generale nell'Armata d'Africa. Nel '40, all'atto dell'attacco tedesco, si trovava in Francia con la 15a divisione nel settore di Dunkerque. Fatto prigioniero, fu rilasciato su richiesta di Petain ai tedeschi. Messo a capo dell'Armata coloniale di Vichy si arrese subito agli americani nel novembre '42 per poi passare a combattere le forze dell'Asse in Tunisia. Passato al comando del Corpo di spedizione francese in Italia (CEF), partecipò alle battaglie di Cassino contribuendo allo sfondamento della Linea *Gustav* nel settore tirrenico. Dopo la guerra divenne capo di Stato Maggiore della Difesa nazionale e dal 1951 fu comandante per il Centro Europa della NATO. Morì il 27 gennaio 1967 a Parigi. (Ronchetti, Ferrara, cit., p.46).

do del colonnello Bonjour, ricevettero l'ordine di difendere il fianco sinistro, costituendo una barriera in prossimità del villaggio di Caira. Vennero così costituiti tre raggruppamenti: il 1er *Regroupement* del colonnello Roux, comandante del 4eme *Régiment de Tirailleurs Tunisiens* (4eme RTT), che, partendo dalle regioni dette Il Lago (quota 346) e Campo Piano (quota 502),sarebbe sceso a quota 70 del Rio Secco, avrebbe attraversato il torrente all'altezza dell'abitato di Olivella e risalito gli 800 metri di dislivello fino al Colle del Belvedere (quota 681) ed al Colle Abate (quota 913); il 2eme *Regroupement* del tenente colonnello Gonzalez de Linarés, comandante del 3eme *Régiment de Tirailleurs Algériens* (3eme RTA) che avrebbe assicurata la copertura a nord del *Regroupement Roux*; infine il 3. *Regroupement* del colonnello Bonjour, comandante del 3eme *Régiment de Spahis Algériens* (3 RSA) che a sua volta avrebbe assicurata la copertura del *Regroupement Roux* a sud.

Il 24 gennaio, alle ore 05:40 l'artiglieria del Gruppo Dunois aprì il fuoco e venti minuti più tardi alzò il tiro e dopo un bombardamento aereo che colpiva le postazioni tedesche di Olivella, Belvedere, Terelle e Belmonte, l'attacco ebbe inizio. Alle 7:00 gli uomini agli ordini del capitano Denée, comandante della 9a compagnia del III° battaglione del 4eme RTT, mossero all'assalto di quota 470, un'altura alle pendici di Monte Cifalco, che domina la strada per Belmonte. Dopo pochi metri dall'inizio dell'assalto, le mitragliatrici del 131.*Grenadierregiment* tedesco- o meglio, austriaco- della 44. *Reichsgrenadier-Division "Hoch und Deutschmeister"*, aprirono il fuoco falciando i *tirailleurs*.

La fitta nebbia che fino ad allora aveva avvolto le cime del Monte Cifalco e del Monte Cairo, oscurando la vista degli osservatori tedeschi, iniziò a diradarsi sospinta dal vento. Pochi istanti dopo l'artiglieria germanica, che contava numerosi pezzi, iniziò a martellare il settore dell'avanzata francese. Gli uomini del 4eme RTT al comando di Denée, avanzavano lentamente sotto il fuoco nemico conquistando al prezzo di mille sacrifici, ogni metro di quel terreno arido e scosceso senza aver neanche ricevuto il programmato appoggio delle unità algerine. Appena giunti a distanza d'assalto il capitano Denée si alzò in piedi e urlò: *En avant! A la baionette! Chargez!*.

Denée venne gravemente ferito e dovette affidare il comando della compagnia al tenente El Hadi, il quale, dinanzi al comandante morente, giurò sul suo onore che avrebbe conquistato quota 470.

Poche ore dopo El Hadi giunse con la sua compagnia sulla vetta del monte senza un braccio e con il corpo perforato dalle pallottole. Aveva mantenuto la promessa fatta al suo comandante e prima di cadere al suolo urlò ai suoi uomini *Vive la France!*

Erano le 8:15. L'attacco francese aveva consentito al II° e al III°/4eme RTT di attraversare indenni l'Olivella e il Rio Secco, a partire dalle 8:30; il II° battaglione aveva proseguito verso il Belvedere per un sentiero che sale alla quota 700, vicino alla strada da Caira a Terelle.

Nel pomeriggio la restante aliquota del 4eme RTT iniziò a muoversi verso il fondo valle riuscendo poco dopo e non senza sforzi ad attraversare il Rio Secco, attestandosi in prossimità del Belvedere. Mentre il II° battaglione si mosse verso sinistra in direzione dell'Olivella, il III° ricevette l'ordine di muoversi verso destra, in direzione di Belmonte, attestandosi lungo le falde del Belvedere. Poche centinaia di metri più a sud il capitano Lunot, alla testa della 10a compagnia era riuscito a conquistare il piccolo abitato di Casaluciense.

Nel frattempo dalle terrazze della quota 520, il comandante Gandoet, impegnato a dirigere i movimenti delle sue truppe giù nella valle, decise di attaccare il Belvedere nel lato destro attraverso una profonda gola. In tal modo l'avanzata dei suoi uomini sarebbe stata coperta dagli Occhi del Monte Cifalco e, per il nemico, l'attacco sarebbe arrivato inaspettato. Gli uomini della 1a compagnia del III°/4eme RTT iniziarono la scalata attraverso la gola che venne subito battezzata burrone Gandoet dal nome del comandante della compagnia.

A metà della giornata le truppe tunisine raggiunsero l'obiettivo riuscendo a catturare le fortificazioni della quota 689.

La vetta del Belvedere era ormai a due passi, ma buona parte degli equipaggiamenti e delle munizioni erano rimaste indietro a causa dei pendii impraticabili. I tedeschi contrattaccarono quota 470 e verso mezzogiorno la IXa compagnia fu completamente annientata.

I *Deutschmeister*, dopo aver rioccupato la quota 470, si spinsero fino a Casaluciense. Poco dopo le 16:00 il comandante Gandoet ricevette notizia che la quota 470 era stata persa, ciò che costrinse anche le unità del capitano Luisot ad abbandonare le posizioni all'interno dell'abitato di Casaluciense.

Di fronte ad una simile catastrofe Gandoet, iniziò a muoversi in direzione della quota 470. L'attacco fu fulmineo ed inaspettato. Gli uomini di Gandoet inflissero numerose perdite al nemico fino al calare dell'oscurità. Alla fine della giornata, sotto una pioggia battente, il III°/4eme RTT si attestava sulle quote 681 e 721 del Belvedere, ma, alla sua sinistra, il II°/4eme RTT era fermo all'altezza delle ultime curve a gomito della strada per Terelle, davanti alla quota 700. Nella valle il I°/4eme RTT non era riuscito ad entrare nel paese di Caira ed il *Regroupement Bonjour* non era riuscito ad impossessarsi del Colle Marino. Considerata la situazione che si prospettava, alla sera il generale de Monsabert ordinava al 7eme RTA di lasciare Acquafondata e di scendere nella valle del Rapido.

All'alba del 26 gennaio i fucilieri algerini rilevarono gli uomini di Gandoet sulla quota 470 e rinforzarono le esauste unità che nella notte avevano occupato le pendici del Belvedere. Non appena terminate le operazioni di rilevamento giunsero i nuovi ordini di attacco: consolidare le posizioni sul Belvedere e attaccare la quota 862 (Colle Cerro). I soldati francesi, forti dei nuovi rinforzi, si mossero immediatamente verso i nuovi obiettivi e alle 18:00 di quella stessa giornata i primi uomini del battaglione Gandoet giunsero sulla cima della q. 862.

Un'ora dopo l'intera vetta era in mano ai francesi e poche ore più tardi anche il Colle Abate contava sui suoi pendii le prime unità alleate. Il Belvedere era ormai conquistato, ma quella stessa sera imponenti rinforzi nemici furono segnalati in arrivo da Belmonte.

Quella notte l'intera testa di ponte venne ulteriormente fortificata con tutti i mezzi di cui si disponeva.

La mattina del 27 gennaio, protetto da un pesantissimo fuoco di artiglieria, il 200. *Grenadierregiment*, al comando del colonnello barone von Behr, portò avanti l'atteso contrattacco e alla sera il Colle Abate e la quota 862 erano nuovamente in mano ai *Deutschmeister*. Le perdite per le truppe francesi furono numerose, ma ciò nonostante, gli uomini del comandante Gandoet conservarono Belvedere e la quota 689. De Monsabert decise di intervenire nuovamente in loro aiuto inviando nella notte le unità del 7eme *Regiment de Fusiliers Algerins*. Il giorno successivo, il 28 gennaio, gli algerini del 7eme FA riuscirono a conquistare nuovamente Colle Abate e la quota 862 infliggendo gravi perdite al 200. *Grenadierregiment*.

Nei giorni che seguirono vi furono accaniti combattimenti, anche all'arma bianca, sino a quando i rinforzi tedeschi riuscirono a riconquistare le quote dominanti, rendendo vano il sacrificio delle truppe coloniali francesi[25].

Una corrispondenza di guerra, sicuramente di un ufficiale *pk* (*Propagandakompanie*) aggregato ad un reparto tedesco pubblica su *Il Pomeriggio*, supplemento del *Corriere della Sera* del 13 gennaio descrive l'accanimento dei combattimenti:

Roma 12 gennaio.

Sul fronte italiano gli anglo-americani hanno potuto riprendere i loro tentativi di rottura fra la via Casilina e il – 74 – Monte Maio [una cima del Monte Aquilone, da non confondere con l'omonimo monte presso Vallemaio, ndA] solo dopo una pausa di 36 ore.

Il nemico ha iniziato la seconda fase operativa ieri a mezzogiorno valendosi di contingenti di truppe fresche, mentre tentava in pari tempo di sfondare frontalmente da est e sui fianchi di nordest. Il Comando germanico naturalmente non ha perso tempo nel fronteggiare la manovra avversaria, e pur consentendo a qualche ripiegamento necessario su nuove linee preordinate, ha disposto il raggruppamento di armi pesanti in alcune posizioni montane fiancheggianti la strada di Cassino, che hanno provocato col loro fuoco incrociato notevoli perdite all'avversario. Le batterie e i lanciagranate tedeschi dai capisaldi del Monte Porchia hanno fatto fallire un tentativo di sfondamento degli angloamericani sulla via Casilina; mentre a nord di essa, fra Cervaro e Monte Maio, le cortine di fuoco di sbarramento sul torrente Candida [Acqua Candida, località tra Cervaro e S. Vittore, ndA.] e nella catena collinosa adiacente hanno imposto al nemico gravi sacrifici di sangue. In particolare le ondate di attacco dell'avversario tendevano ad aggirare la località di Cervaro da sud, evidentemente per evitare le sanguinose perdite subite di recente presso San Vittore, ma venivano ributtate dalle forze di sicurezza germaniche. A nord di Monte Maio una puntata di alleggerimento dei nordamericani veniva respinta già nel terreno antistante le posizioni tedesche, in seguito all'efficace cooperazione di tutte le armi.

25

Il maggiore Rudolf Böhmler nel suo volume su Cassino riassunse così la situazione:

La 5ª Armata impiegò ben due mesi e mezzo per sfondare la " Linea Reinhard "; in undici settimane avanzò di soli 20 km. nonostante la sua superiorità di uomini e di mezzi. Le sue perdite furono ingenti. Secondo Clark, ammontarono a 15.864 tra morti, feriti e dispersi.
Naturalmente altrettanto gravi furono le perdite del XIV Corpo corazzato. Le sue divisioni avevano combattuto fino all'esaurimento e continuavano a difendersi dalla marea nemica che si infrangeva contro di loro, nonostante il fuoco tambureggiante in misura mai fino allora sperimentato, le tormente di neve, le grandi piogge scroscianti e il forte freddo.
Se ci fu qualche flessione, è da attribuirsi soprattutto alla mancanza di esperienza di battaglie in grande stile, agli schieramenti troppo affrettati e all'ignoranza delle condizioni che regnavano sul teatro di guerra italiano. Tuttavia il comportamento dei combattenti tedeschi in Italia fu irreprensibile.

Il 25 gennaio Clark dette l'ordine di attaccare Cassino da nord ma l'assalto fallì. Miglior sorte ebbero i fucilieri tunisini che riuscirono a conquistare il monte Belvedere. Altri tentativi alleati, sempre infruttuosi, si ebbero la notte del 25 e del 26 gennaio.
Contemporaneamente, il CEF avanzò ulteriormente, conquistando colle Abate e l'altura di 862 metri a nord di questo. La posizione fu però riconquistata poco dopo dai granatieri tedeschi. Nel frattempo Alexander mandava rinforzi a Cassino costituendo un II° Corpo d'armata composto dalla 2ª Divisione neozelandese e dalla 4ª Divisione indiana.
Il 30 gennaio la fanteria americana riuscì a passare il Rapido ed a conquistare Caira, ai piedi di monte Cairo; due giorni dopo, il primo febbraio iniziò l'attacco contro Cassino partendo da Caira; il giorno successivo la fanteria americana diede l'assalto anche alla Rocca Janula.
In seguito a quest'offensiva i granatieri tedeschi furono spinti 1000 metri più a nord. Il 3 febbraio i tedeschi ricevettero come rinforzi due reggimenti di *Fallschirmjäger*.
Si legge in una corrispondenza apparsa sul *Times* del 1 febbraio:

Sul fronte principale della 5ª Armata truppe americane, dopo aver attraversato il Rapido, sono penetrate, durante tre giorni di combattimenti, nelle difese tedesche: due importanti quote sono state conquistate sulla strada per un tratto assai tortuosa che da Terelle conduce a Cassino, ove continuano aspri combattimenti. – 81 – Gli Americani hanno sorpreso il nemico con la loro potente e tempestiva azione di penetrazione; lo dimostra il fatto che, in un villaggio, essi hanno catturato un cannone controcarri da 75 mm. con l'intera squadra di servizio al pezzo di 15 uomini. Essi sono riusciti a far avanzare i carri armati attraverso la campagna nonostante che gran parte dei terreni fossero inondati dal nemico deviando il corso del Rapido.

Lo stesso corrispondente scrisse, due giorni dopo sempre sul *Times*:

L'attraversamento del Rapido realizzato la scorsa settimana dagli Americani è stato effettuato tre chilometri a nord di Cassino grazie, per gran parte, all'opera dei genieri. I tedeschi hanno ostruito il fiume innalzando una diga in modo da allagare i prati attraverso i quali i carri armati e la fanteria dovevano avanzare. I carri armati si impantanarono e la fanteria fu fermata dalle mine.

Nel settore francese il 2 febbraio un distaccamento blindato francese, con l'appoggio di personale appiedato del 3 RSA, cercò di raggiungere l'abitato di Terelle lungo la strada, ma venne fermato e semi distrutto da un violento tiro di artiglieria e dalle mine.
Nella notte il 17eme *Tabor* (*Goums Marocains*) tentò senza successo di infiltrarsi dalle quote 700 e 720 verso le pendici di Monte Cairo venendo respinto dalla reazione dei granatieri della 44..
Le gravi perdite di vite umane da entrambe le parti, la difficoltà dei francesi di ottenere rifornimenti regolari (le carovane di muli che portavano di notte cibo e munizioni su terreno scomodissimo venivano regolarmente falcidiate dal fuoco tedesco del Cifalco), l'assenza di obiettivi strategici realistici e praticabili, portarono alla stabilizzazione del fronte in questa zona e al trasferimento delle azioni militari più importanti su altri obiettivi.
Nel corso della battaglia, la 3eme DIA subì la perdita di 2.091 uomini tra cui 64 ufficiali. Il solo 4eme RTT subì la perdita di 1.372 uomini di cui 38 ufficiali.
Le perdite dei *Deutschmeister* furono valutate dai francesi in 190 caduti e 515 feriti. I prigionieri, cifra questa volta ufficiale, furono 354.
Quando i resti del 4eme *Regiment de Tirailleurs Tunisiens* lasciarono finalmente il fronte per un turno di riposo, furono passati in rivista dal generale de Monsabert, soprannominato dopo il massacro del Belvedere, *le boucher du Rapido*, il *macellaio del Rapido*: sfilandogli davanti, molti dei soldati tunisini, convinti di essere stati sanguinosamente sacrificati per nulla, sputarono per terra.
Nel settore americano la fanteria statunitense raggiunse il monte Calvario il 6 febbraio: i G.I. del 135° Reggimento conquistarono un posto di osservazione tedesco a ridosso delle mura dell'abbazia, la quota 435; scrisse Rudolf Böhmler:

Gli Alleati non giunsero mai più così vicini al convento. Il frutto tanto desiderato era sotto il loro naso: ma non furono in grado di coglierlo, poiché sopraggiunsero ulteriori rinforzi tedeschi.

Sette giorni dopo, il dieci, i tedeschi contrattaccarono e rigettarono ancora una volta gli statunitensi dal pendio del monte Calvario.
A proposito delle operazioni a nord di Montecassino il *Times* scrisse lo stesso giorno, quasi a preparare l'opinione pubblica britannica alla distruzione dell'Abbazia, che sarebbe avvenuta solo cinque giorni dopo:

Gli americani sono ancora fermi a poche centinaia di metri dal monastero. I loro cannoni sono cauti nel far fuoco per non colpirlo. Il comando dell'armata è memore non solo
dell'importanza storica del complesso architettonico, ma anche dei preziosi manoscritti
e dei tesori dell'arte che ritiene siano stati evacuati dall'università, dalla biblioteca e dai
musei di Napoli e qui accantonati. I tedeschi speculano su questo comportamento alleato-
to, e i nostri uomini possono vedere antenne radio impiantate sui tetti e cannocchiali alle
finestre.

L'11 febbraio le forze alleate tornarono all'assalto, ma gli attacchi fallirono.
Churchill, nella propria Storia della Seconda Guerra mondiale, così riassume gli
eventi:

Il X corpo d'armata britannico aveva attirato sul suo fronte il grosso dei rinforzi nemici;
si decise perciò di attaccare più a nord per occupare le alture che dominano Cassino e
aggirare la posizione di fianco. L'avanzata ebbe un certo successo. Il II corpo d' armata
americano attraversò il fiume Rapido a monte di Cassino, mentre le forze francesi che lo
fiancheggiavano sulla destra occupavano Monte Castellone e Colle Majola. Da questo
punto l'attacco si diresse verso sud, contro la collina del Monastero, che i tedeschi avevano fortificato e difendevano fanaticamente [cosa ovviamente non vera se riferita
all'Abbazia, priva di truppe tedesche. ma Churchill parla di *Monastery Hill*, quindi potrebbe riferirsi alla collina ex se e non all'edificio sacro ndA]. Ai primi di febbraio, il II
corpo d'armata aveva ormai esaurito il suo slancio e il generale Alexander ritenne necessario inviare al fronte truppe fresche per ridare impeto all'attacco. In vista di ciò aveva
già dato ordine che venisse costituito un corpo d'armata neozelandese, agli ordini del
generale Freyberg, composto di tre divisioni sottratte all'8ª armata operante nel settore
adriatico. In realtà, questa armata che aveva tentato d'inchiodare il nemico sulle sue
posizioni assumendo l'offensiva, aveva dovuto cedere non meno di cinque divisioni per
sostenere gli aspri combattimenti del settore tirrenico; nei mesi successivi fu così costretto a rimanere sulla difensiva.

La guerra nei settori più elevati- Colle Abate, Monte Belvedere, Terelle, Monte
Cifalco- del fronte di Cassino è rimasta spesso oscurata dai combattimenti nel
centro abitato; eppure fu particolarmente dura. Anche nei periodi di relativa stasi
operativa la vita per i combattenti tedeschi rimaneva durissima, soprattutto per
quanto riguardava i rifornimenti per le truppe in prima linea, specialmente nei
settori in quota. Il generale Frido von Senger und Etterlin scrisse in proposito
delle difficoltà logistiche:

Comandi e soldati trovarono difficoltà nell'adeguare il sistema dei rifornimenti alla
guerra in montagna. La cosa ebbe inizio con le colonne delle salmerie che non funzio-
navano a dovere. I soldati non sapevano trattare i muli, ma anche qui l'inconveniente
venne eliminato dalla praticaccia e dal fatto che gli animali pensarono ad addestrare i
conducenti. In montagna il soldato deve ricevere un'alimentazione speciale. Noi fummo
costretti a cavarcela con i mezzi di cui disponevamo. Veramente utilizzabili erano uni-
camente gli alimenti che il soldato poteva prepararsi sul posto, cioé cibi concentrati in
scatoletta o sotto forma deidratata, che dovevano contenere i principi nutritivi indispen-

sabili ed essere contemporaneamente gustosi. Il rancio caldo, preparato quasi sempre nelle retrovie e portato in linea da squadre apposite, arrivava soltanto di notte nelle posizioni in montagna e quindi non era più caldo, una situazione intollerabile sotto la neve o in combattimento. Personalmente diedi ordine di avvicinare le cucine il più possibile alle posizioni e di isolare le marmitte con la paglia, ma l'espediente ebbe scarso effetto.

E ancora, a proposito degli effetti dell'artiglieria alleata e dei capisaldi sulle alture:

Quello che scuote innanzitutto è il rumore amplificato del fuoco tamburreggiante. Il terreno roccioso moltiplicava l'effetto degli spezzoni. La roccia non assorbiva parzialmente la forza esplosiva come il terreno in pianura. In compenso potenziava l'effetto deleterio dei proiettili e delle schegge di rimbalzo. Buon ultimo: chi viene sorpreso dal fuoco di artiglieria mentre percorre un sentiero in montagna in genere non ha la possibilità di cercare riparo ai lati. Gli esperti della montagna propendevano sempre per le posizioni di cresta. Ma la stragrande maggioranza dei comandanti tedeschi proveniva dalla pianura e trovava che le creste spiccavano troppo e attiravano il fuoco del nemico. É un fatto che i capisaldi in pianura possono essere resi sempre meno appariscenti con gli accorgimenti moderni. I fanti impararono tuttavia ben presto ad apprezzare i vantaggi offerti dalle posizioni in cresta: tutti i tiri troppo lunghi o troppo corti dovevano necessariamente mancare il bersaglio ed erano perciò innocui. I soldati impararono anche a scavarsi ripari in cresta con l'aiuto di palanchini, martelli ed esplosivi. E pensare che dovevamo acquistare dal commercio libero gli attrezzi necessari per sostituire la vanghetta d'ordinanza! Una volta appresi i rudimenti dell'arte, i soldati creavano relativamente presto dei ricoveri nella roccia. La cresta e le buche scavate nella roccia offrivano un'ottima protezione.

3.

OPERATION AVENGER:
LA DISTRUZIONE DELL'ABBAZIA
E LA SECONDA BATTAGLIA DI CASSINO.

Oh bury me at Cassino
My duty to England is done
And when you get back to Blighty
And you are drinking your whisky and rum
Remember the old Indian soldier
When the war he fought has been won!

(*Oh bury me at Cassino*, canzone dell' 8th *Indian Division*)

Dopo i ripetuti insuccessi contro le pur meno numerose truppe tedesche, Alexander decise di procedere ad un cambio di strategia impiegando nuove truppe provenienti da altri settori del fronte italiano. Vennero così ridispiegate a Cassino diverse unità militari provenienti dall'Ottava Armata schierata sul fronte adriatico. Si trattava della 2nd *Inf. Division* neozelandese, della 4th *Indian Division* e della 78th britannica che raggiunsero la zona d'operazione tra la fine di gennaio e a febbraio inoltrato andando a formare un nuovo corpo d'armata – il 2nd *New Zealand Army Corps* – posto agli ordini del generale Bernard Freyberg.

Questi era nato a Richmond, nel Surrey, il 21 marzo 1889; combatté in Francia nel corso della Prima guerra mondiale meritandosi il grado di comandante di brigata e fu decorato con la *Victoria Cross*. All'inizio della Seconda guerra mondiale gli fu assegnato il comando del Corpo di spedizione neozelandese, e nel 1941 fu nominato comandante delle forze alleate a Creta e, dopo l'invasione dell'isola da parte dei tedeschi, si trasferì in Africa settentrionale, dove partecipò ai combattimenti di El Alamein. Dall'aprile all'agosto 1943 comandò il X° Corpo d'armata britannico. Famoso per la sua audacia, ferito diverse volte, al comando del II° Corpo neozelandese partecipò, tra il febbraio e il marzo 1944, alla seconda e alla terza battaglia di Cassino: la decisione di bombardare e distruggere l'abbazia di Montecassino si deve proprio alle pressanti richieste del Freyberg. Dopo la guerra, dal 1946 al 1952 venne nominato Governatore generale della Nuova Zelanda. Morì il 4 luglio 1963 a Windsor, nel Berkshire.

Il dispositivo militare alleato sul fronte di Cassino aumentava così decisamente di qualità: sia la divisione neozelandese che quella indiana si erano, infatti, comportate in modo eccellente con l'8a Armata precedentemente. Alla luce di tutto ciò, si pensò inizialmente di utilizzare le nuove unità pervenute in un attacco sostanzialmente simile a quello già eseguito dal II° corpo d'armata americano e conclusosi senza successo l'11 febbraio. Ma non tutti i comandanti alleati erano della stessa opinione: il generale Juin propose di utilizzare le forze appena giunte a sostegno del proprio attacco per dirigersi verso Atina e poi piegare verso la valle del Liri aggirando così la postazione di Cassino. Dello stesso parere era anche il maggiore generale Tuker – comandante della divisione indiana - confidando nella dimestichezza dei suoi reparti ad operare in scenari di montagna. Nonostante questa proposta potesse sembrare a prima vista valida, venne poi scartata in quanto logisticamente insostenibile per l'asperità del terreno. Fu così deciso di attaccare direttamente per via frontale l'Abbazia e Cassino. Attacco che, nelle intenzioni dei suoi ideatori, avrebbe dovuto iniziare il 16 febbraio sui due fronti di Cassino e di Montecassino impiegando per il primo la 4a Divisione indiana – che doveva rilevare previamente le posizioni che sovrastavano il colle del monastero tenute dalla 34th *US Infantry Division* – e la 2a neozelandese sul secondo.

Successivamente allo spiegamento concordato, gli indiani avrebbero dovuto riprendere l'avanzata iniziata dal II° Corpo d'armata americano ed i neozelandesi avrebbero attaccato da est lungo la linea ferroviaria impiegando anche carri armati. Ciò avrebbe comportato l'attraversamento del fiume Rapido, per cui venne disposto l'utilizzo di un reparto di genieri per l'apprestamento di un ponte mobile in grado di far attraversare il fiume da parte dei carri armati. Ben presto, tuttavia, già nel corso dei preparativi dell'attacco, le cose non andarono come previsto. Quando gli uomini della divisione indiana risalirono le montagne per rilevare le unità là stanziate fecero l'amara scoperta che gli americani non erano sulle posizioni previste, ma su altre nettamente meno vantaggiose. Posizioni che, peraltro, furono oggetto di pesanti contrattacchi tedeschi tali da far perdere agli americani anche quel poco di terreno conquistato in precedenza. Conseguentemente, gli indiani avrebbero dovuto prendere combattendo la prevista linea di partenza prima di sferrare l'assalto vero e proprio al colle dell'Abbazia. Operazione che si sarebbe dovuta svolgere su un terreno, peraltro, molto difficile, come ben presto si accorse il generale Tucker.

Ogni zona del terreno di scontro era infatti sotto il tiro delle armi tedesche posizionate sulle alture sovrastanti Montecassino e la sua abbazia. La situazione parve al generale inglese talmente compromessa che espresse in maniera esplicita il parere per cui gli sforzi offensivi dovevano essere fatti più a nord, ma l'idea venne ben presto scartata. A nulla valse a modificare i piani prestabiliti il fatto che gli indiani avrebbero dovuto vedersela anche con le difese tedesche appostate nei pressi dell'Abbazia di Montecassino che, in un primo tempo, gli alleati consideravano inviolabile. Convinzione che, successivamente, muterà in ragione delle necessità impellenti della guerra dopo molte dispute nei comandi alleati. Anzi, la fatidica data del 16 febbraio venne anticipata al 15 in quanto si riteneva importante che il nuovo corpo d'armata attaccasse le posizioni tedesche per alleggerire la pressione che esercitavano sulla testa di ponte di Anzio. Ma per quella data la Divisione indiana non era assolutamente pronta per le difficoltà già in precedenza esposte e per la malattia che colpì il generale Tucker prima dell'attacco programmato e che porterà a subentrargli nel comando il generale Dimoline, il quale ripropose gli stessi dubbi già fatti presenti dal suo predecessore. Ma anche tali considerazioni vennero respinte e Demoline avrebbe così dovuto conquistare, contemporaneamente, le posizioni di partenza previste per l'assalto e poi lanciare l'attacco principale concordato[26].

Per portare a termine il suo piano, Freyberg pretese come condizione preliminare la distruzione del monastero. Secondo il generale neozelandese, i tedeschi avevano installato un osservatorio di artiglieria all'interno dell'abbazia, costituito da canoni di grosso calibro, e di conseguenza il celebre monumento medioevale doveva essere polverizzato tramite un massiccio attacco aereo. A nulla valsero le proteste del generale Clark, che considerava il bombardamento un vero e proprio atto vandalico.

Freyberg era incalzato dal pessimo umore dei suoi soldati, che ritenevano di essere spiati e colpiti dall'artiglieria tedesca presente nel monastero benedettino. La presenza di osservatori tedeschi d'artiglieria nel monastero era data per certa dai soldati alleati: in un libro di memorie, il maggiore medico statunitense Luther Wolff, impegnato con il suo ospedale da campo nei pressi di Montelungo, riferisce che

I fanti feriti che arrivano da noi ci dicono che stanno prendendo una batosta terribile per tentare di prendere l'abbazia di Montecassino e tutti sono furiosi perché i pezzi grossi vogliono risparmiarla. Dovremmo superare questo *fair play* sentimentale. I feriti sono tutti d'accordo: bisogna distruggere il monastero.

E' stato detto che il generale neozelandese perorasse la propria causa con Alexander presentando come prova della presenza germanica nell'Abbazia un'intercettazione radio intercettata dall'*intelligence* inglesi.

Uno degli operatori tedeschi chiedeva all'interlocutore: *Wo ist der Abt.? Ist er noch im Kloster?*

L'addetto dell'*intelligence* britannica tradusse *Wo ist der Abt?* con *Dov'è il reparto? E' sempre nel convento?* ritenendo che la parola *Abt.* fosse l'abbreviazione del sostantivo femminile tedesco *Abteilung*, la cui traduzione italiana è *reparto*[27]. In realtà la presunta sigla tedesca andava tradotta con il vocabolo più logico nel contesto di un monastero, e cioè *Abate*, che è di genere maschile, ed infatti l'articolo utilizzato era *der*, non *die*. Non crediamo però troppo nell'autenticità dell'aneddoto[28].

---

[26]http://www.difesaonline.it/news-forze-armate/storia/la-battaglia-di-cassino-la-seconda-e-la-terza-battaglia-33

[27]Il termine era di solito riferito ad unità di dimensioni paragonabili ad un battaglione.

[28]Le false notizie sulla presenza dei tedeschi nel monastero trovavano sponda nella propaganda politica antifascista, pronta ad accusare i tedeschi di aver saccheggiato l'Abbazia e scacciati i monaci. Si veda per esempio il seguente articolo, apparso nel dicembre 1943 su *L'Avanti!*, organo del Partito Socialista di Unità Proletaria: *Truppe tedesche sono ora accantonate nella storica Abbazia di Montecassino. La celebre biblioteca è stata asportata, e si ignora dove sia andata a*

Il 14 febbraio, il giorno prima del bombardamento e della distruzione del monastero, ebbe luogo una tregua tra tedeschi e statunitensi sul Monte Castellone: non l'unica della battaglia, ma forse la più famosa per la presenza di fotografie scattate per l'occasione.

Il colonnello Behr, comandante del 200 *Panzergrenadier- Regiment* della 90. *PzGr*, inviò il maggiore medico Wauer alle linee statunitensi sul Monte Castellone, presso Terelle, per chiedere una tregua di tre ore per poter raccogliere i morti ed i feriti sul campo di battaglia: qui infatti due giorni prima, il 12 febbraio si erano avuti duri scontri tra il *200. Panzergrenadier* e il *4. Hoch-Gebirgsjäger* e la 36a *Texas* per il possesso della quota 771. Gli statunitensi acconsentirono; la tregua ebbe inizio alle ore 9.00 e funzionò senza alcun problema; su richiesta tedesca venne prolungata per altre due ore e trenta minuti, con l'approvazione del generale Fred. L. Walker, comandante della 36ª Divisione *Texas*.

Il tenente colonnello Hal Reese, dello stato maggiore della 36th, si incontrò con alcuni soldati tedeschi sul costone ovest del Monte Castellone. Di tale incontro,,testimoniato dalla già citata fotografia, vi è traccia nel diario del *4. Hoch-Gebirgsjäger* e nelle memorie dei reduci, uno dei quali ricordò:

Il 14 febbraio alle ore 12:10, all'altezza di quota 706, da lontano riuscii a riconoscere tre elmetti non nostri ma dei nostri nemici che mi venivano incontro, lasciai subito il mio nascondiglio e gli andai incontro; così vidi che il nemico non era armato; arrivato vicino mi accorsi che erano americani che sentii imprecare nella loro lingua e usavano diverse parolacce.
Il primo era un colonnello e due maggiori e non erano neanche in divisa ma erano vestiti sportivi. Scuotendo la testa dicevano che la guerra era una disgrazia e senza ragione, il colonnello mi porse la sua carta da visita con il suo indirizzo, parlandomi in tedesco mi invitò ad andare in America a Philadelphia dopo la guerra".

Tedeschi e statunitensi si scambiarono qualche sigaretta e cioccolata, mentre svolgevano l'opera pietosa della raccolta dei propri caduti e dei feriti[29].
Fu solo una brevissima parentesi di tranquillità.
Lo stesso giorno avvenne il lancio di volantini su Montecassino da parte della V Armata per invitare i religiosi e i civili ad abbandonare il monastero, di cui si preannunciava il bombardamento: decisione determinata dalla errata convinzione che fra le mura del monastero fosse asserragliato un contingente tedesco.

---

finire. Né maggiori notizie si hanno dell'archivio, uno dei più insigni del mondo civile. I gioielli, i piccoli bronzi e gli altri preziosi del Museo Nazionale di Napoli, che avevano trovato rifugio a Montecassino, sono stati portati in Germania, come pure gli arredi dell'abbazia e gli stalli del coro. I monaci hanno dovuto rifugiarsi a Roma.
Menzogne, attribuite spesso a inesistenti informatori della resistenza, poi usate anche dagli alleati per giustificare la distruzione del monastero.
[29]R. Molle, "Dopo la guerra venite a Philadelphia (Storie nella Storia)"
https://www.alessioporcu.it/poltrona/storie-nella-storia/molle-2-venite-a-philadephia-dopo-la-guerra/

Amici italiani,

ATTENZIONE!
Noi abbiamo sinora cercato in tutti i modi di evitare il bombardamento del monastero di Montecassino.
I tedeschi hanno saputo trarre vantaggio da ciò. Ma ora il combattimento si è ancora più stretto attorno al Sacro Recinto. È venuto il tempo in cui a malincuore siamo costretti a puntare le nostre armi contro il Monastero stesso.
Noi vi avvertiamo perché voi abbiate la possibilità di porvi in salvo.
Il nostro avvertimento è urgente: Lasciate il Monastero.
Andatevene subito.
Rispettate questo avviso.
Esso è stato fatto a vostro vantaggio.

LA QUINTA ARMATA.

Italian friends,

BEWARE!
We have until now been especially care-ful to avoid shelling the Monte Cassino Monastery. The Germans have known how to benefit from this. But now the fighting has swept closer and closer to its sacred precincts. The time has come when we must train our guns on the Monastery itself.
We give you warning so that you may save yourselves.
We warn you urgently: Leave the Monastery.
Leave it at once. Respect this warning.
It is for your benefit.

THE FIFTH ARMY.

Sul *Times* apparve un articolo colmo di menzogne, per preparare la notizia dell'imminente distruzione del Monastero:

Oggi è stata divulgata la notizia che le autorità vaticane hanno chiesto che il monastero sulla sommità della collina, culla dell'ordine benedettino, sia risparmiato. Gli alleati hanno accondisceso alla richiesta nei limiti del possibile, ma i tedeschi stanno utilizzando il monastero come fortezza; i suoi grandi edifici e le sue massicce mura costituiscono una parte importante delle loro difese che dominano la sottostante strada per Roma. Il monastero non è fino a questo momento un bersaglio dei cannoni o degli aerei alleati.

Il 15 febbraio l'Abbazia venne rasa al suolo.
142 *Baltimore* Mk IV e V, *Boston* e *Marauders* britannici e sudafricani lanciarono 287 tonnellate di bombe esplosive da 250 kg e 66,5 tonnellate di bombe incendiarie da 50 kg l'una; fecero seguito 47 B-25 e 40 B-26 statunitensi, oltre a *Havoc* A 20, che sganciarono altre 100 tonnellate di bombe ad alto potenziale.
Le unità aeree coinvolte furono le seguenti:

RAF, *Desert Air Force*: Wing 232 (
squadrons della RAF nn. 55, 18, 114,) gli aerei utilizzati furono i *Baltimore* Mk IV e Mk V per lo *squadron* n. 55 e *Boston* Mk III for gli *squadroons* 18 e 114.
SAAF: Wing 3: (*South African Air Force* nn. 12, 21, e RAF n. 223).
Gli aerei assegnati per il bombardamento di Monte Cassino furono i *Marauder* b26 per lo *squadron* 12, i *Baltimore* Mk IV e V per il 21 ed i *Baltimore* IV per il 223.
USAAF, 12th Air Force: furono utilizzati i B25 dei 321st e 340th *Bombardment Groups* e B26 del the 319th B.G e *Havocs* A 20 del 47th B.G. (L) .
Ecco come i diari di guerra del 340th B.G. registrarono le missioni su Monte Cassino:

486th

Gli equipaggi conobbero a colazione l'obbiettivo del giorno: il già segnalato monastero di Monte Cassino.
Dodici bombardieri del 486th decollarono alle ore 10.06 e furono sull'abbazia alle 10.59. Lanciarono 36.1000 lb di bombe, di cui maggior parte caddero sugli edifici o vicino, causando incendi ed esplosioni. Le costruzioni vennero oscurate dal fumo e le fotografie non mostrano molto. Gli equipaggi ritengono che il monastero sia *finito*[30].
Reazione antiaerea trascurabile e tutti gli aerei sono rientrati sani e salvi.

487th

L'abbazia sul Monte Cassino, che i tedeschi astutamente uavano come fortificazione furono oggi l'obbiettivo di sei nostri bombardieri. La formazione fu sull'obbiettivo alle ore 10.59, in formazione compatta e lanciarono le loro bombe 23x1000 con risultati eccellenti, sebbene diverse bombe siano cadute a poca distanza dall'obbiettivo finendo sui pendii del monastero. Dagli edifici sono stati visti provenire parecchie esplosioni e vasti incendi. L'antiaerea fu pesante, leggera [sic. Forse fa riferimento al calibro dei pezzi AA ndA] ed inaccurata. Tutti gli aerei e gli equipaggi hanno fatto ritorno sani e salvi alla base.

488th

Missione sull'abbazia di Cassino che i tedeschi avevano trasformato in fortezza. Per giorni gli alleti hanno minacciato di bombardarla se i tedeschi non l'avessero evacuata "perché era costata le vite di così tanti americani". Finalmente è stato fatto oggi con i B-17, i B-26 e i '25. Abbiamo saputo più tardi che il 321st e noi lavorando insieme abbiamo rubato la scena ai '17.

489th

---

[30]In italiano nel testo.

Sei aerei inviati in missione su un monastero benedettino, Italia[31].

Gli edifici del'Abbazia benedettina vennero distrutti e nelle mura esterne si aprirono larghe brecce.

L'anziano Abate, scrive Böhmler, quando vede l'orribile, inutile distruzione, si sente afferrare da un'amara disperazione. Nel cortile del Priorato si spalanca un enorme cratere creato da un grappolo di bombe. Il chiostro è crollato, il tetto della Torretta distrutto. Le palme che decoravano da anni il cortile del Priorato sono ormai soltanto dei miseri mozziconi. Il cortile centrale – attribuito al Bramante – è stato spazzato via, i suoi colonnati, di bellezza unica, e la stupenda Loggia del Paradiso sono crollati, strappati dalle bombe, persi per sempre.

Scrisse Winston Churchill che

Si discusse a quell'epoca lungamente sull'opportunità o meno di distruggerlo ancora una volta. Nel monastero non erano alloggiate truppe tedesche, ma le fortificazioni nemiche si trovavano nelle immediate adiacenze dell'edificio. L'Abbazia dominava l'intero campo di battaglia e il generale Freyberg, quale comandante del corpo d'armata interessato, desiderava naturalmente che essa venisse pesantemente bombardata dall'aria prima di lanciare all'assalto le fanterie. Il comandante d'armata, generale Mark Clark, chiese a malincuore (e ottenne) il permesso di bombardare l'Abbazia al generale Alexander, che accettò di assumersi tale responsabilità.
(...) Furono lasciate cadere sull'abbazia oltre 450 tonnellate di bombe, che provocarono danni gravissimi: ancora rimangono in piedi le grandi mura perimetrali e il cancello. Il risultato non fu quello sperato: i tedeschi erano ormai pienamente giustificati nel servirsi in tutti i modi possibili delle macerie dell'edificio. Ciò offrì loro ancora maggiori possibilità di difendersi di quando l'abbazia era intatta.

Rudolf Böhmler, presente all'interno dell'edificio con i monaci, così racconta il bombardamento nel suo *Monte Cassino*:

Nella piccola stanza dell'abate si stava appunto terminando la preghiera delle ore canonicali del sesto e del nono, quando, alle parole *pro nobis Christum exora*, una tremenda esplosione turbò la pace. Scoppiarono le prime bombe: erano le 9,45. L'effetto nel monastero fu spaventoso. Terribili esplosioni lacerarono l'aria e riempirono i locali di polvere e di fumo soffocante. Non soltanto il monastero, ma tutta la montagna vacillò, come se fosse stata scrollata dalla mano di un gigante.

Nel diario del padre benedettino D. Martino Matronola si ha una testimonianza diretta dell'inferno scatenato dal bombardamento alleato:

... Atterriti sentiamo improvvisa una tremenda esplosione. Ad esse seguono altre senza numero, sono le 9,45 circa. Ci raccogliamo in ginocchio in un angolo della stanzetta,

---

[31]http://57thbombwing.com/340th_History/340thHistory.php
(http://57thbombwing.com/340th_History/340thHistory.php)

attorno al P. Abate che è ritto in piedi: egli ci dà l'assoluzione: diciamo giaculatorie per il gran passo.

Le esplosioni ci scuotono fortemente: mettiamo l'ovatta nelle orecchie. Le spesse mura del rifugio con tutto l'ambiente, sussultano in modo spaventoso.

Dalle strette finestre entra polvere e fumo, e si vedono le fiamme di quelle bombe che cadono sul fianco del Collegio. Non so quanto dura questo inferno, certo ci appare molto lungo. Non è ancora finito il bombardamento che entra nella stanzetta il sordomuto Giuseppe Cianci, stravolto e tutto bianco: si inginocchia con noi e indica la medaglia che ha sul petto, facendo capire che lo ha salvato.

Il poveretto era in chiesa quando fu sorpreso improvvisamente dal bombardamento. Con raccapriccio ci fa capire che la chiesa è distrutta.

Alle ore 11,15 circa si ha una sosta nel bombardamento. Grazie a Dio tutta la piccola comunità è salva. Facciamo un giro nel rifugio: tutte le finestre sono schiantate.

Il P. Abate vuole uscire: l'accompagno fuori al chiostro del Bramante. La parte inferiore della Badia è ancora in piedi, ma con terrore vediamo da giù che la copertura della chiesa è il cielo: la facciata è ancora in piedi, ma dal finestrone vediamo che tutta la volta è crollata, dal punto dove siamo non possiamo vedere altro. Temiamo molto di quelli ricoverati alla falegnameria: la gente ricoverata nella posta, portineria, forno, ed anche quelli del frantoio vecchio hanno abbandonato i loro ricoveri e pazzi dal terrore sono usciti fuori passando per lo scalone, all'aperto, tra l'azione incessante dell'artiglieria: parecchi cadono colpiti nel viale. Qualcuno del frantoio vecchio si è pure avvicinato tra le macerie del chiostro del Priore nei locali sotto le cappelle per porgere aiuto: sorpreso dal secondo bombardamento è perito. Mentre eravamo nel chiostro del Bramante, le tre famiglie di coloni che da alcuni giorni si erano rifugiati nella parte inferiore della cantina credendo di essere più al sicuro, pazze dal terrore, si dirigono verso di noi implorando di entrare nel nostro rifugio: dico loro che anche il nostro rifugio non è sicuro. Non capiscono più ed entrano tutte e tre le famiglie alla meglio che possono.

Rientro col P. Abate nel ricovero: non mi allontano mai da lui per qualsiasi evenienza; mettiamo un po' d'ordine nella stanzetta del P. Abate, per preparare il posto per il SS.mo che d. Agostino è andato a prendere nella Cappella della Pietà (Torretta). Mentre col P. Abate sono così occupato, improvvisamente alle ore 13.00 circa sentiamo su di noi tremende esplosioni accompagnate da indescrivibili sussulti della fabbrica.

Col P. Abate mi ritiro in un angolo della stanzetta per ripararci da possibili schegge provenienti dalla finestra. Dopo qualche scoppio un altro più spaventoso accompagnato da una scossa ancor più terribile: vedo che la porticina della stanzetta è stata ostruita completamente da grosse pietre: dico con tranquillità al P. Abate: siamo bloccati. Sento un altro colpo e la muraglia diventa più fitta: il grosso muro però della stanza ha resistito. Intanto le donne e i bambini delle tre famiglie alzano grida disperate: sentiamo la voce di d. Agostino che ha fatto appena in tempo a rientrare col SS.mo; dà la Comunione sotto forma di viatico a quelle famiglie, a se stesso, e consuma così tutte le sacre particole.

Alle ore 13,30 circa termina anche questo secondo bombardamento, ma abbiamo grave apprensione per la sorte dei confratelli essendo sparsi qua e là. Il P. Abate ed io siamo bloccati, ma fortunatamente la spessa parete di comunicazione con il corridoio dei minerali non arriva fino alla volta: dò una voce a d. Agostino chiedendo notizie.

Mi risponde che di là sono tutti salvi; e che l'entrata del rifugio è ancora libera, quantunque un po' ostruita. Il ricovero è stato diviso in due: una o due bombe di grossissimo calibro devono essere cadute sulla palestra del collegio e hanno fatto crollare il muro di terrapieno della palestra (lato Nord) e, precisiamo, la parete della stanza ove era l'altare portatile. Non sappiamo nulla degli altri che si erano rifugiati nelle stanzette sotterranee ritenute più sicure. Intanto occorre uscire al più presto dalla stanzetta dove ci troviamo.

Aiuto il P. Abate ad arrampicarsi sul muro: sfondo la retina di metallo e con l'aiuto di altri che sono nel corridoio si riesce a stento a far calare il P. Abate su di un letto.

Usciamo fuori del ricovero attraverso la scala già mezzo ostruita dalle macerie, portando le valige preparate la sera precedente. Uno spettacolo tristissimo ci si presenta dinanzi agli occhi: tutto è sconvolto.

Il cortile della palestra presenta nel centro un grande cratere, sui cui lati scendono le macerie del Collegio e i grossi massi dei pilastri.

Il chiostro del Bramante con la Loggia del Paradiso non esiste più: la cisterna centrale è sprofondata e nel fondo vi è un'acqua rossiccia; è rimasto però buona parte del porticato del chiostro d'ingresso, o della porta. La grande scala, che conduce alla chiesa, è tutta sconvolta da immensi massi.

Del colonnato superiore con il chiostro dei Benefattori non vi è rimasto nulla.

Mentre atterriti e inebetiti dal dolore vediamo tanto disastro nell'ex chiostro del Bramante, attorno a noi, sui massi e sulle mura arrivano frequenti le granate anglo-americane. Dico che sarebbe meglio recarsi nella coniglièra risalendo dalle macerie della Loggia. Nel chiostro del Bramante sentiamo cosa è accaduto degli altri. D. Oderisio, d. Nicola, fra Pietro, fra Zaccaria, d. Falconio erano rimasti bloccati in una stanza accanto a quella ove stava il P. Abate; fortunatamente però videro uno spiraglio di luce in un buco; l'allargarono e uscirono fuori nel chiostro della palestra. Oderisio domanda al P. Abate, nel chiostro, cosa egli farà.

Egli risponde che starà con me: lascia però ognuno libero di fare quello che crede. Così d. Nicola, d. Falconio e fra Zaccaria che sono proprio sconvolti, dicono che non possono più resistere in quel luogo e si congedano dal P. Abate; a loro si unisce fra Pietro che crede che uscirà anche il P. Abate.

D. Oderisio pure si congeda e dice di voler passare il fronte con il giovane Salveti. Molta gente pazza dal terrore abbandona il monastero già dopo le prime incursioni. Parecchi vengono colpiti dalle granate.

Agostino mi dice che è impossibile scendere dalle macerie della Loggia del Paradiso, perciò ci rechiamo nelle cappelle inferiori della Torretta, passando per la porta ordinaria ancora libera, poiché il portone superiore dello scalone era ostruito. Mentre entriamo sento gridare: è una donna senza piedi distesa nel locale della posta: viene presa e portata nella Torretta. Nello scalone e nelle cappelle inferiori troviamo ancora molta gente: alcune centinaia[32].

Dall'altra parte della linea del fronte, il generale Clark così descrive la tremenda giornata del 15 febbraio:

Quando il mio orologio stava per segnare le 9,30, sentii i primi rombi dei motori degli aeroplani che venivano dal sud. Tentai di rendermi conto della loro posizione. Poi all'improvviso il boato di un'esplosione. Per errore, gli aerei americani avevano sganciato sedici bombe. Parecchie caddero presso il mio posto di comando, facendo volare

---

[32]Cit. in Pistilli, pp. 93 segg.

schegge dovunque

(...) Poi, quattro gruppi di imponenti fortezze volanti passarono proprio sopra di noi e qualche istante dopo lasciarono cadere le loro bombe sulla collina del monastero. Avevo visto soltanto da lontano la celebre, antica abbazia, dalle opere d'arte inestimabili e insostituibili. Ma quando quel mattino, le esplosioni lacerarono la collina, compresi che non avrei più potuto ammirarla da vicino.

Con britannica ottusità anche dopo la fine del conflitto Alexander difese la scelta di distruggere l'Abbazia, perché ciò aveva alzato il morale degli alleati:

Era necessario più per l'effetto che avrebbe avuto sul morale degli attaccanti che per ragioni puramente materiali... quando i soldati combattono per una causa giusta e sono pronti a esporsi alla morte e alle mutilazioni in questa lotta, mattoni e calce, per venerabili Cassino dopo i devastanti bombardamenti. 36 La Linea Gustav che siano, non possono prevalere sulle vite umane... nel contesto generale della battaglia di Cassino, come come si poteva lasciare intatta una struttura che dominava il campo di battaglia?

Clark, al contrario, ammetterà dopo la guerra:

... Il bombardamento dell'abbazia fu non solo un inutile errore psicologico, ma militarmente fu un errore di prima grandezza. Esso rese il nostro lavoro più difficile, con un maggior costo in termini di uomini, di mezzi e di tempo.

Un'agenzia di stampa tedesca scrisse:

Secondo informazioni pervenute, l'abbazia benedettina di Cassino è in fiamme dall'inizio dell'attacco americano di questa mattina. Al momento del bombardamento, non essendoci truppe tedesche nel monastero o nelle sue vicinanze, non vi furono uomini disponibili per combattere il fuoco e il venerabile edificio non poté essere salvato. In vista della completa distruzione dell'abbazia, le reiterate dichiarazioni dell'Alto Comando tedesco che l'abbazia, casa madre dell'ordine Benedettino, doveva essere esclusa dalla sfera delle operazioni militari, sembrano essere state completamente dimenticate.

L'Agenzia Internazionale di notizie a sua vosta riportava:

Nel corso della mattinata trenta bombardieri americani hanno bombardato la venerabile abbazia benedettina di Cassino con grosse bombe ad alto esplosivo, che hanno causato vasti danni agli edifici del monastero. Per dare a quest'azione una parvenza di giustificazione, gli Americani avevano in precedenza fatto cadere sull'abbazia e sulle rovine della città di Cassino dei volantini, nei quali essi ripetutamente asserivano che il monastero era stato trasformato dalle truppe tedesche in una specie di apprestamento militare di difesa. In riferimento a ciò, le autorità tedesche hanno ancora confermato che l'intera abbazia e un'ampia zona circostante sono sbarrate a ogni movimento militare.
La biblioteca famosa in tutto il mondo fu salvata trasferendola a Roma qualche mese fa da militari della *Luftwaffe* e consegnata alle autorità vaticane.
Dal trasferimento della biblioteca nessun soldato tedesco è entrato nel territorio del monastero; l'unica via di accesso è sorvegliata da un appartenente alla polizia militare che

proibisce a chiunque, che non sia autorizzato, di entrare nel monastero. La distruzione del monastero è un atto di rivalsa degli Americani, perché i loro attacchi nel settore di Cassino hanno fallito ancora una volta di fronte all'ostinata difesa tedesca.

Il 18 febbraio il generale Frido von Senger und Etterlin, per inciso terziario benedettino, ebbe un colloquio con l'abate Diamare.

Senger: "... è stato fatto tutto da parte tedesca, veramente tutto, per non offrire al nemico l'occasione di attaccare il monastero".

Diamare: "Generale, io posso solo confermare ciò. Voi avete dichiarato che l'abbazia di Montecassino era zona protetta, voi avete proibito alle truppe tedesche di entrare nell'area dell'abbazia, voi avete ordinato che entro un determinato perimetro tracciato intorno all'abbazia non dovevano essere piazzate armi, posti di osservazione e stazionamento di soldati. Avete instancabilmente fatto osservare questi ordini ... Fino al momento della distruzione dell'abbazia di Monte Cassino nella zona del monastero non vi era un soldato, un'arma e nessuna installazione militare tedesca".

Senger: "Sono venuto a conoscenza troppo tardi che nella zona del monastero erano stati lanciati dei manifestini recanti l'avvertimento dell'imminente bombardamento. Ho saputo ciò dopo lo stesso bombardamento. Nessun manifestino è stato lanciato sulle postazioni tedesche".

Diamare: "Io nutro il sospetto che i manifestini siano stati lanciati tardi di proposito onde non darci la possibilità di avvertire i comandanti tedeschi o di evacuare in zona di sicurezza circa 800 ospiti del monastero ... Noi semplicemente non credevamo che gli inglesi e gli americani avrebbero attaccato l'abbazia. Quando sopraggiunsero e lanciarono le bombe, abbiamo sventolato dei panni bianchi per far loro capire che noi eravamo disarmati, che non eravamo un obiettivo militare, che quello era soltanto un luogo sacro. Ma non servì a nulla. Essi hanno distrutto il monastero e ucciso centinaia di persone innocenti"[33].

Von Senger sarebbe passato alla storia della campagna d'Italia per esser stato il generale che aveva comandato il XIV. *Panzerkorps*, con il compito di difendere la Linea *Gustav* nel settore di Cassino, Fridolin (Frido) von Senger und Etterlin era nato a Waldshut il 4 settembre 1891 ed all'età di 19 anni, il 10 ottobre 1910, si arruolò come volontario nel 5°/76° Reggimento artiglieria da campagna del Baden; poi frequentò l'università di Oxford. Nel 1914 era tenente della riserva, il 27 giugno 1917 passò nel servizio attivo. Alla fine della prima guerra mondiale entrò nella *Reichswehr* come comandante di squadrone nel 18. *Kavallerieregiment* a Bad Cannstatt. Il primo gennaio 1927 fu promosso *Rittmeister* (capitano di cavalleria); il 1° agosto 1936, tenente colonnello; il 10 novembre 1938 comandante del 3. Reggimento cavalleria e il primo marzo 1939 fu promosso colonnello. Dal novembre 1939 ebbe il comando del 22. Reggimento cavalleria e dal 22 febbraio 1940 quello della 2ª Brigata di cavalleria.

Nella campagna di Francia von Senger guidò la *Schnelle Brigade von Senger* e dal luglio 1940 al luglio 1942 fu capo della delegazione tedesca presso la Com-

---

[33] Ibid., p.109.

missione d'armistizio italo-francese (Torino). Il 1° settembre 1941 fu promosso maggior generale e dal 10 ottobre 1942 ebbe il comando della 10. *Panzerdivision* impegnata sul fronte orientale; il 1° maggio 1943 fu promosso Tenente Generale. Senger dal giugno 1943 comandò le truppe tedesche in Sicilia e, dall'agosto 1943, assunse il comando di quelle dislocate in Sardegna e in Corsica, venendo elogiato per per la buona riuscita dell'evacuazione delle sue truppe dalle isole. Dall'8 ottobre 1943 von Senger assunse il comando del XIV. *Panzerkorps* e il 1° gennaio 1944 fu promosso *General der Panzertruppe*.

Per nulla fiducioso circa gli esiti della guerra supliva con un fortissimo senso del dovere:

Essere un capo nell'esercito di Hitler non dava soddisfazioni. Personalmente non ero affatto convinto che fosse un segno di intima forza quello di credere in ogni situazione con incrollabile ottimismo alla 'vittoria finale'. Mi venivano in mente le parole di Montherlant: 'l'ottimismo è l'elisir di vita dei deboli'.

Un carattere si può definire forte quando si rende conto della realtà e ciò nonostante non si perde d'animo. Come la storia giudicherà noi, gli altri, abbastanza avveduti, indipendenti e forti per esserci resi conto che la disfatta era inevitabile, ma che ciò nonostante abbiamo continuato a batterci e a versare il nostro sangue? Il mio comando tattico a Roccasecca era situato in una depressione della valle. Un ripido sperone della montagna e le rovine di un vecchio castello lo celavano alla vista da Cassino. Là era nato nel 1225 Tommaso d'Aquino. I suoi insegnamenti formano ancora oggi la base dell'etica occidentale. Secondo lui, nessuno può essere responsabile dei misfatti altrui se non è in grado di impedirli.

Successivamente alla caduta di Cassino, ripiegò con il XIV. *Panzerkorps* verso la Linea Gotica, raggiungendo infine Bologna per l'ultima difesa della linea del Po, insieme ai reparti della 10. *Armee*. Nella primavera del 1945 negoziò la resa dei reparti tedeschi ancora presenti in Italia, firmando, il 2 maggio, l'armistizio. Prigioniero di guerra, trascorse i tre anni successivi dapprima a Bridgend, quindi a Glamorgan nel Galles. Rilasciato nel 1948, rientrò in patria, ove collaborò attivamente con il cancelliere Adenauer all'elaborazione dei progetti di riarmo della Germania occidentale e alla ricostituzione delle sue forze armate. Coautore, nel 1952, dell'*Himmeroder Denkschrift*, il rapporto che tracciò le linee guida del programma di riarmo tedesco fra il 1955 e il 1956, fece anche parte del comitato incaricato di selezionare gli ex ufficiali della Wehrmacht destinati a fare parte della neonata *Bundeswehr*. Fu questo l'ultimo incarico assunto prima di ritirarsi a vita privata e di dedicarsi all'attività di storico. Morì nel 1963[34].

Ecco come von Senger descrisse la distruzione della veneranda Abbazia benedettina.

L'abbazia venne distrutta soltanto alla fine della prima battaglia di Cassino, come la chiamavamo noi, in data 15 febbraio 1944, da un bombardamento aereo. Il motivo per

---

[34]Colloredo, cit., p.79 n.85.

cui gli alleati avevano deciso di effettuare l'operazione proprio in quel momento non ci era ben chiaro nemmeno sotto il punto di vista militare. Assistemmo al bombardamento dell'abbazia. La distruzione dell'abbazia sembrava priva di un significato tattico. Restava così solo la dolorosa constatazione che il nostro tentativo di conservare integra l'abbazia nel bel mezzo del campo di battaglia era fallito. La veneranda casa madre dei benedettini, simbolo di tutti gli Ordini religiosi occidentali, era un cumulo di macerie.

Riguardo alla distruzione del monastero, non si può non condividere quanto scritto da Rudolf Böhmler:

L'inutile distruzione del convento non volse la sorte a favore degli Alleati. Ambizione personale, considerazioni politiche, un sorprendente disprezzo per gli alti valori della civiltà e una cieca sopravvalutazione dell'effetto dei bombardamenti a tappeto portarono alla distruzione di insostituibili valori della civiltà, trasformarono gli imponenti edifici del convento in un penoso mucchio di macerie, a vergogna del Comando occidentale, a danno dei soldati alleati, a vantaggio della propaganda di Goebbels e ... dei difensori tedeschi! [35]

Il cardinale Ildefonso Schuster, arcivescovo di Milano e benedettino, inviò una lettera all'abate Diamare:

Arcivescovado di Milano, 17 febbraio 1944

Al venerabile Padre ed Abate Mons. Gregorio Diamare vesc. di Costanza ed alla diletta comunità cassinese speranza in Dio e resurrezione.

Il nostro dolore è così intenso per quanto il Signore ha permesso circa il vostro venerando Cenobio Cassinese, che non ci regge l'animo ad offrire a voi parole di fraterna consolazione.
In questi giorni, insieme col Patriarca san Benedetto piangiamo l'eversione bellica di quel santuario che consideravamo siccome la nostra gloria, la nostra comune casa paterna, il luogo più caro e più santo a tutti i figli del Santo Legislatore.
Purtroppo, per i peccati del popolo suo quel luogo se ne giace in gran parte sinistrato, e là donde giorno e notte le monastiche salmodie picchiarono supplichevoli alle porte del cielo, ora invece dal cielo infuocato sono discese a centinaia le bombe dirompenti a picchiare il santuario di Monte Cassino. Il dolore nostro, l'onta, l'umiliazione sono così grandi, che non possiamo che ripetere col Salmista: *Iustus es, Domine, et rectum iudicium tuum.*
Ci conforta tuttavia la speranza.
Quando sotto Zotone il cenobio Cassinese venne assalito e diroccato la prima volta, l'esodo dei monaci a Roma decise le sorti del monachesimo occidentale. Senza quel loro stabilirsi in Laterano e senza la passione che ne provò subito Gregorio, la Regola Cassinese non sarebbe forse divenuta mai la *"Regula Monasteriorum "* che il Pontificato Romano diede a tutto l'Occidente! Così sarà ancora questa volta.
Noi viviamo ancora *in abscondito tempestatis*, né possiamo discernere dove vadano a

---

[35] Le citazioni in Pistilli, op. cit.,p. 98.

finire le vie di Dio. Fidiamoci però di Lui, certi come siamo che: *iustum deduxit Dominus per viam rectam.*

Ciò che ora massimamente importa si è, che la Comunità Cassinese si mantenga moralmente unita, con novelli e migliori proposti per quando il Signore ricondurrà indietro i profughi di Sion al canto del Salmo: *In convertendo Dominus captivitatem Sion, facti sumus sicut consolati.*

Ai cittadini Milanesi, dopo l'eversione della Città da parte di Attila, san Massimo di Torino predicava in Duomo: *Dio restaurerà le cose nostre, se mai restaureremo prima le cose sue.*

Penso con dolore alla povertà grande della vostra Comunità, ora che avete perduto tutto, e vorrei far di tutto per lenirne gli incommodi. Noi pure abbiamo la Metropoli a metà distrutta, non con una, ma con parecchie dozzine di basiliche e chiese distrutte e sinistrate, ad incominciare dalla veneranda basilica Ambrosiana che vide tante incoronazioni di imperatori e di re d'Italia. Pur tuttavia non ci regge il cuore il pensiero del vostro danno e della vostra povertà.

Tra giorni speriamo d'inviarvi il nostro obolo, che vorrete considerare siccome: *de benedictione beati Ambrosii.*

Vedrete che vi è annessa una larga benedizione, nella misura della nostra Fede. Ed ora, Venerabile ed a noi carissimo Padre Abate e diletti confratelli, se l'ora della prova è amara, facciamo come Maria e come la Chiesa, che nel Venerdì Santo e sul Calvario già preintonano il canto della resurrezione.

Dio restaurerà tutto, solo che abbiamo fede in Lui.

Pregate per me.

In tempo di guerra e di rivoluzioni, quando ogni giorno sulle vie viene uccisa la gente e passata alle armi, ogni giorno siamo esposti anche noi al pericolo. Nello scorso autunno, più volte le Autorità occupanti ci hanno mostrato la rivoltella e il fucile spianato! Pregate pertanto per noi, perché il Signore ci conceda la grazia di compiere il nostro ufficio pastorale, non escluso neppure il sacrificio della nostra vita a conferma della Cristiana Fede. La nostra debolezza ci fa paventare, ma colle vostre preghiere voi potete impetrarci le grazie necessarie per un santo episcopato. Salutando tutti e ciascuno " *in osculo Sancto,* ci confermiamo aff.mo come fratello

† Ildefonso Card. Schuster

Milano, nell'Ottava di S. Scolastica, 17 febbraio 1944

La reazione di Pio XII allo scempio alleato su Montecassino venne espressa da un durissimo articolo apparso il 18 febbraio sulla prima pagina dell' *Osservatore Romano* :

La tragica ora di Montecassino.

L'Abbazia di Montecassino, uno dei più insigni monumenti religiosi della Cristianità, faro di luce nei secoli, centro benefico non soltanto della più alta e feconda vita monastica, ma anche di innumerevoli opere che, nei fertili campi del lavoro, della cultura e dell'arte, hanno costantemente suscitato nel mondo plauso ed ammirazione concordi, è stata pur essa, da ieri l'altro investita dal turbine guerresco imperversante sui popoli. La notizia, temuta per lunghe settimane, nonostante la viva speranza che, fra tante rovine, si giungesse almeno alla intesa di risparmiare così inestimabile tesoro, stringe ora in atroce sgomento tutti i cuori.

Si sa che la Santa Sede non ha mancato di esplicare tempestive ed insistenti premure perché il mirabile Monastero venisse risparmiato da ogni possibilità di offesa: ancora una volta però l'invito supremo a salvare quanto di più prezioso possiede l'umanità, a custodire, oltre le contese, un patrimonio di fede e di bene, superiore a qualsiasi calcolo strategico, non ha trovato il desiderato compimento.

Talmente è l'animosità delle parti in contrasto che esse neppure si arrestano al cospetto di maestosi cenacoli della preghiera e della pace, pur tante volte risparmiati durante altri tremendi ed esiziali conflitti. Converrà dedurre, allora, che le responsabilità di oggi saranno registrate dai posteri con rigore assai più accentuato di quelle di lontane epoche, quando non si mancava di inchinarsi almeno dinnanzi ai più eccelsi altari ed alle più celebrate case di Dio.

Durante i quattordici secoli della sua esistenza l'Abbazia di Montecassino ha conosciuto, è vero, oltre le incomparabili gesta di perfezione e di attività, che vanno dalla munificenza dell'abate Desiderio agli ispirati fastigi del Rinascimento, anche vicende assai tristi; ma per opera soprattutto di quanti erano ignari della sua portanza.

Ora invece nessuno può misconoscere o dimenticare che cosa essa sia e rappresenti e ricordi; nessuno può non tener presente che la distruzione di oggi potrebbe significare un ripudio delle origini delle leggi stesse di umanità, che sempre devono rimanere sacre per i contendenti.

Né va giammai obliato il doveroso tributo di imperitura riconoscenza per le imprese di redenzione e di benessere, cui posero mano, agli albori delle nascenti nazioni di Europa, nel sud e nel nord, nell'ovest e nell'est, gli apostoli, i quali proprio dalle venerande memorie di S. Benedetto e la sua sorella Santa Scolastica, e dalla " Regola ", tracciata dal Patriarca su questo monte di Dio, attinsero zelo ed impulso per portare a regioni impervie e ferree il nucleo fondamentale del vero progresso.

Gli annali del nostro continente sono ricchi delle più fulgenti testimonianze. Sommi Pontefici, imperatori, re, principi, condottieri hanno sempre considerato Montecassino come una delle più limpide sorgenti di sapere, di norma, di santità. Tutto può essere riassunto nel non lontano elogio che ne scrisse Pio X; *...Hic servata est divinae non minus quam humanae legis verenda sanctitas, teterrima illa tempestate, qua per vim atque iniuriam omnia miscebantur. Quid Italia, quid civilis Europa, Casinensibus monachis debeat, edocet magistra vitae ac nuntia veritatis historia.*

Vivissima pertanto ed universale è la deplorazione per così irreparabile offesa, che priva la Chiesa e la civiltà d'un baluardo di preghiera e di pace.

E se è soltanto per un domani più o meno lontano l'ufficio di ricercare – in definitivo giudizio – le cause di tanta sciagura che, a guerra aperta, per l'incalzare degli avvenimenti bellici e per il contrasto delle passioni, non sembra ora praticamente e moralmente possibile precisare, tuttavia oggi si impone il cocente rammarico – non certo il minore nella vasta tragedia – per così tremenda distruzione.

Essa, già tristissima nella sua realtà, attesta anche il lagrimevole decadimento dei valori più elevati; e dalle sue fumanti macerie sorge un rimprovero e un monito alla nostra sventurata generazione la quale, nell'odiosa violenza da cui è sconvolta, distrugge le opere più sublimi che la virtù e il genio hanno saputo suscitare in onore di Dio con l'incessante richiamo dei redenti verso di Lui.

L'*Oberst* Ernst Gunther Baade[36], comandante della 90. *Panzergrenadier - Division*, ordinò l'occupazione delle macerie dell'abbazia, prima che gli alleati potessero raggiungerle.

La *7th Indian Division* attaccò infatti nottetempo Quota 593 con il battaglione di testa del *Royal Sussex*. La prima notte una compagnia e la seconda tutto il battaglione fallirono però gli assalti, anche per l'impossibilità di poter avere l'appoggio delle artiglierie.

Nel corso dei due attacchi il battaglione perse 12 ufficiali su 15 e 162 soldati su 313.

Sulle pendici di Monte Cassino si trovavano le posizioni del *Kampfgruppe Schultz* – che prendeva nome dal tenente colonnello Karl Lothar Schultz -, trasferito da poco tempo da Anzio a Cassino; formato dal 1. *Fallschirmjäger-Regiment*, dal I° battaglione mitraglieri paracadutisti e dal III° battaglione del 3. *FJ-Regiment*.

Il battaglione mitraglieri era posizionato sulle pendici di Montecassino, mentre il III° era attestato a difesa del Colle del Calvario a quota 593. Per dieci giorni i paracadutisti resistettero agli assalti condotti dal II° Corpo d'armata statunitense, costringendo infine l'attaccante ad ammettere la sconfitta.

Nel momento immediatamente successivo al bombardamento, il *Kampfgruppe Schultz* ricevette sostanziosi rinforzi dalla 1. *Fallschirmjäger- Division* comandata dal generale Richard Heidrich.

Heidrich era nato il 28 luglio 1896 a Lewalde in Sassonia. Nell'agosto 1914 si arruolò volontario nel 102. *Infanterieregiment* e poi raggiunse il fronte francese con il 182.. Dopo la smobilitazione, combatté in Lituania con i *Freikorps*, poi fu destinato al 10. *Infanterie-Regiment* e inviato alla Scuola di guerra nel 1925. Dopo aver fatto parte del 2. Gruppo d'artiglieria di marina, tornò al 10. *InfReg* dove per molti anni comandò la Scuola sottufficiali.

---

[36]Baade era nato a Falkenhagen nel Brandenburgo il 20 agosto 1897, ed allo scoppio della Grande Guerra, nel 1914, si arruolò volontario nel 9° reggimento Ulani. Durante la Prima guerra mondiale si distinse nei combattimenti e rimase ferito sul fronte francese. Nel 1935 ebbe il suo primo comando e, all'inizio della Seconda guerra mondiale, fu a capo del 17° battaglione da Ricognizione. Dopo la Campagna di Polonia passò al 1° battaglione del 22° reggimento cavalleria con il quale combatté in Francia, dove rimase gravemente ferito nel giugno '40. Nel 1942 fu trasferito in Nord Africa con la 15ª *Panzerdivision*, come comandante del 115. *Schützen-Regiment*, combattendo a Tobruk, e guadagnandosi la *Ritterkreuz*. Venne ferito nella battaglia di El Alamein al comando della 999ª. *Leichte Afrika Division*. Divenuto responsabile militare della Piazza di Messina, organizzò l'evacuazione delle truppe dalla Sicilia dopo lo sbarco alleato. Assunse poi il comando della 90. *Panzergrenadier* a Cassino guadagnandosi la promozione a *Generalmajor* e le Fronde di Quercia, cui a novembre del 1944 avrebbe aggiunto le Spade per i combattimenti sulla Gotica. Baade è rimasto celebre per il comportamento originale sui campi di battaglia, atipico per un ufficiale tedesco, il disprezzo delle formalità e per il suo abbigliamento "fuori ordinanza" che lo resero popolarissimo tra i suoi uomini. Baade morì l'8 maggio 1945, ultimo giorno di guerra in Europa, in un ospedale militare di Bad Segeberg in seguito a ferite riportate in un attacco aereo britannico condotto con bombe al fosforo.

Heidrich insegnò alla Scuola militare di Potsdam fino al 1937, alle dipendenze di Erwin Rommel. Da lì si arruolò nelle truppe paracadutiste dell'esercito, diventando comandante di battaglione nel 1938. L'anno dopo fu trasferito allo Stato Maggiore della 7. *Luftflotte* comandata da Kesselring, ma poi tornò nell'esercito, e divenne comandante del neoistituito 514. *Infanterie-Regiment* alla testa del quale partecipò alla campagna di Francia nel 1940. Tornato a Berlino, assunse il compito di riordinare il 3. *Fallschirmjäger-Regiment*, lo stesso che poi comandò a Leningrado e a Creta. Nell'autunno 1942 assunse il comando della 1. FJD, e fu protagonista delle battaglie di Ortona e di Montecassino. Insignito delle più alte decorazioni germaniche, nel novembre 1944 divenne comandante del I. *FJ-Korps*. Processato con l'accusa di crimini di guerra, fu rilasciato nell'estate 1947. Colpito da una grave malattia, morì ad Amburgo il 22 dicembre dello stesso anno.

Heidrich schierò i suoi tre reggimenti in posizione con molta cura: il 3. copriva il monastero e la cittadina di Cassino, il 4. il massiccio e il 1. le zone attorno al Monte Castellone e le pendici più basse di Monte Cairo. I *Fallschirmjäger* tedeschi erano attestati lungo un fronte di 13 km che inglobava alcuni considerevoli ostacoli naturali.

Nei sotterranei del monastero c'erano numerosi passaggi che offrivano un'ottima copertura nei confronti dell'osservazione aerea nemica e il fuoco delle artiglierie. Quindi ciò che restava in piedi dell'abbazia si rivelò fondamentale per la difesa.

Poiché l'ingresso principale del monastero era sottoposto ad un intenso tiro delle artiglierie, i preparativi per organizzare le difese vennero eseguiti dai paracadutisti con il favore della notte. Tuttavia il compito sarebbe stato eccessivo anche per due divisioni a pieno organico: a Montecassino ce ne era una sola e anche a ranghi ridotti, la 90. *Panzergrenadier,* appoggiata dal 3. *Fallschirmjäger- Regiment* del colonnello Heilmann.

Riportiamo la testimonianza di Hermann Völk, all'epoca aiutante di battaglione del II./4. FJ-Regiment.

il 15 febbraio 1944 l'Abbazia venne distrutta su ordine Alleato, sebbene a nessuno soldato tedesco vi fosse consentito l'accesso. Proprio per questo motivo, i bombardamenti non fecero nessuna vittima tra i soldati tedeschi, giacché gli accampamenti erano situati lontano dall'area bombardata. Su quota 593 (chiamata Monte Calvario) si trovavano solamente poche forze di fanteria e nessuna postazione consolidata. Perciò i cinque battaglioni indiani della 4ª Divisione Indiana riuscirono ad occupare il Monte Calvario con velocità e facilità. Il 1° FJ-Rgt. e il 2° FJ-Rgt. sotto la guida di Egger si stavano dirigendo verso tale luogo per essere a disposizione come forze di riserva. Al loro arrivo, le squadre di paracadutisti passarono direttamente all'attacco di loro iniziativa e tennero sotto controllo tutte le zone circostanti quota 593 fino al mattino del 19 febbraio 1944. Da questo momento in poi il 4° FJ-Rgt. detenne il controllo di tutte le quote circostanti Monte Cassino (519 m): da quota 593 e le quote in direzione sud-est. Le rovine della distrutta Abbazia di Monte Cassino vennero incluse nelle aree di combattimento del 4° Fj-Rgt solamente a partire dal 20 febbraio 1944. Ininterrotti attacchi con granate, continui bombardamenti fumogeni e l'impiego di granate al fosforo trasformarono la montagna in un unico grande inferno. Gli olivi in fiamme (incendiati dal fosforo) resero per giorni la montagna un inferno in fiamme. Tuttavia, trovammo il modo di estrarre i feriti e i caduti e di trasportare le munizioni dalla valle alla montagna (quando quelle recuperate dal contrattacco non erano sufficienti). All'epoca di questi avvenimenti, io ero Aiutante di Battaglione del 2° Battaglione/ 4° Fj-Rgt. ed ero il responsabile della Compagnia di Stato Maggiore, al cui plotone di pionieri e truppe di segnalatori erano stati affidati compiti importanti. Alcune settimane dopo, subentrai alla VII e VIII compagnia del 4° Fj-Rgt. con una chiara delimitazione dei settori all'interno dell'Abbazia. Avevamo abbandonato il trasporto di grandi quantità di munizioni sulla montagna per evitare di incrementare la perdita di uomini nella cosiddetta "gola della morte"; ordinai, invece, che le attività di attacco fossero svolte principalmente dai lanciagranate dal fondovalle.

Le attività di tiro venivano gestite via radio dalle rovine dell'Abbazia. Il misfatto commesso con il bombardamento dell'Abbazia gravava, quindi, come una maledizione sulle postazioni inglesi e indiane, sebbene l'artiglieria americana tenesse sotto tiro le rovine del Monastero dal Monte Trocchio. L'imponente montagna di rovine e detriti si ergeva come un muro possente tra i posti di osservazione e le mitragliatrici. Tale situazione non subì cambiamenti nemmeno in seguito ai bombardamenti del 15 marzo 1944, principalmente perché, durante i bombardamenti, io diedi l'ordine di sparare le pallottole traccianti inglesi, di cui ci eravamo impossessati, con lo scopo di disturbare gli aerei zanzara (si intende l'aereo britannico mod. *Havilland* DH.98 Mosquito). Avevo fatto predisporre queste pallottole traccianti proprio in previsione di un nuovo bombardamento. Gli aerei sospesero i bombardamenti molto presto, per questo non persi nemmeno un uomo in questo secondo attacco. Inoltre, eravamo pochi uomini disseminati su un'area troppo vasta perché potessimo essere colpiti[37].

La battaglia intanto continuava ancor più ferocemente.

Nella notte del 17 febbraio, la 2nd *New Zealand Inf. Division* attaccò la città.

Il XXVIII° battaglione neozelandese, formato da maori, incaricato dell'operazione di conquistare della stazione ferroviaria e dell'area di Cassino vicino alla Casilina, nonostante la tenace resistenza tedesca aiutata anche da campi minati, in una prima fase riuscì a raggiungere gli obiettivi prefissati mentre alle spalle i genieri lavoravano senza sosta per costruire una strada per i carri armati di supporto. La mattina seguente, tuttavia, questi ultimi si trovarono sotto un preciso e costante fuoco delle artiglierie germaniche tale da fargli abbandonare i lavori, lasciando così gli uomini del XXVIII° battaglione senza aiuto per mantenere le posizioni appena conquistate.

Contemporaneamente ai neozelandesi, a mezzanotte del 17 febbraio quattro battaglioni della 4th *Indian Division* mossero all'attacco con obbiettivo il colle dell'abbazia, ma incontrarono tutti grandi difficoltà sia per la forte resistenza tedesca, sia per le asperità del terreno, disseminato di ostacoli naturali e di mine.

Il *Rajputana Rifles* espugnò Quota 593 perdendo nel corso dell'azione tutti i suoi ufficiali tranne due, resistendo poi a diversi contrattacchi condotti dai *Fallschir-*

---

[37]Consultabile su https://www.cdsconlus.it/index.php/2016/09/15/la-battaglia-di-cassino-in-presa-diretta-testimonianze-inedite-di-protagonisti/

mjäger fino all'alba, quando i comandi indiani ne ordinarono il ripiegamento su posizioni arretrate e più sicure, mentre nel pomeriggio anche i maori del XXVIII° battaglione si sganciavano per la comparsa di alcuni mezzi corazzati tedeschi, abbandonando le rovine della stazione.

I neozelandesi vennero così fatti ritirare impiegando come diversivo una cortina fumogena per nasconderli dal tiro dell'artiglieria. Ma la stessa cortina di fumo utilizzata dai neozelandesi venne sfruttata dai tedeschi per celare il loro contrattacco sulle posizioni appena perse che, infatti, vennero immediatamente riconquistate.

Subito dopo la conclusione della seconda battaglia per Cassino, i vertici militari alleati iniziarono a pianificare le loro successive mosse col fine di mantenere alta la pressione sulla Linea *Gustav* ed impedire così ai tedeschi di minacciare in forze lo sbarco effettuato ad Anzio. In seguito, ritenuto oramai consolidata la testa di ponte alleata ad Anzio, il generale Alexander rivide i propri progetti ed elaborò un nuovo piano generale d'attacco volto a spezzare la linea *Gustav* una volta per tutte, seguendo il suggerimento del suo capo di stato maggiore tenente generale John Harding. Per realizzarlo ordinò l'invio e l'impiego nella zona tra Cassino ed il mare del maggior numero possibile di unità militari Alleate, corrispondenti a quattro corpi d'armata costituiti da nove divisioni per aprire un varco attraverso la linea fortificata.

Il 21 febbraio vennero effettuati i preparativi di un ulteriore attacco predisposto dal generale Freyberg e chiamato *operazione Dickens*. Anche in questa occasione si decise di attaccare frontalmente sia Cassino che la collina e fu previsto un massiccio impiego di aviazione ed artiglieria.

Nel frattempo le forze tedesche avevano avuto il tempo di rimpiazzare gli uomini che avevano combattuto la campagna invernale e avevano trasformato i resti del monastero in una vera e propria fortezza.

Nei giorni successivi alla fine della seconda battaglia le condizioni climatiche avverse, tra cui freddo e neve, rallentarono notevolmente l'attività della fanteria ma non quella dell'artiglieria alleata che martellò incessantemente le postazioni nemiche.

Il 10 marzo il II° Corpo d'armata neozelandese, che ricevette la pianta della città di Cassino con le postazioni nemiche e la dislocazione dei campi minati, si preparò all'attacco.

Distintivo di paracadutista militare tedesco
(Fallschirmjagerabzeichen)

4.

OPERATION DICKENS:
LA TERZA BATTAGLIA DI CASSINO.

Klein unser Häuflein, wild unser Blut,
Wir fürchten den Feind nicht und auch nicht den Tod,
Wir wissen nur eines, wenn Deutschland in Not,
Zu kämpfen, zu siegen, zu sterben den Tod.

An die Gewehre, an die Gewehre!
Kamerad, da gibt es kein Zurück,
Fern im Westen stehen dunkle Wolken.
Komm mit und zage nicht, komm mit!

(*Rot scheint die Sonne*, inno dei Paracadutisti tedeschi)

Il 15 marzo tutti i più alti gradi delle forze alleate, compreso il Maresciallo Alexander, erano riuniti presso il comando operativo del II Corpo d'armata a Cervaro, per assistere al bombardamento che avrebbe dovuto radere al suolo l'abbazia di Cassino.

Alle 8.30 del 15 marzo con il lancio della prima serie di bombe iniziò la seconda fase della battaglia: i bombardamenti durarono quattro ore, nel corso dell'operazione vennero impiegati 575 bombardieri e 200 cacciabombardieri e furono sganciate 1.140.000 Kg di bombe ad alto potenziale esplosivo, forse più che sulla stessa Berlino.

Considerato che le forze tedesche consistevano di circa 350 uomini tra fanti, paracadutisti e guastatori si è calcolato che per ogni soldato tedesco sono stati sganciati circa 4.000 Kg di esplosivo.

Dopo la valanga di fuoco solo un gruppo di paracadutisti rifugiatisi in una caverna ai piedi di Montecassino riuscì a salvarsi.

Anche tra gli alleati vi furono alcune perdite a causa di errori di comunicazione.

Terminato il bombardamento al posto di strade e case vi erano solo macerie e crateri causati dalle esplosioni. La città era completamente rasa al suolo.

Dopo l'aviazione fu la volta dell'artiglieria, della fanteria e dei carri armati che attaccarono ciò che rimaneva di Cassino. Scrive ancora Böhmler:

Il bombardamento aereo aveva terribilmente decimato le file del II Battaglione del 3°

Reggimento paracadutisti. Il giorno prima il II Battaglione assommava a circa 300 uomini e cinque cannoni d'assalto: di questi,160 uomini almeno e 4 cannoni erano ora sepolti dalle macerie. La 7ª Compagnia era stata colpita in modo particolarmente duro. Soltanto un pugno di uomini sopravvisse all'attacco aereo e al fuoco d'artiglieria. Essi vennero circondati nel pomeriggio stesso, e ben pochi riuscirono a raggiungere le proprie linee. Altre compagnie furono ridotte a 15, 20 uomini; soltanto la 6ª Compagnia non registrò nessuna vittima. All'inizio dell'attacco era stata destinata come riserva, assieme al comando del battaglione, nella cantina di un negozio. Quando i bombardieri di Eaker sganciarono le prime bombe su Cassino, il capitano Foltin trasferì, nelle brevi pause, la 6ª Compagnia e il suo comando in una grotta ai piedi del monte del Convento. A ciò si deve la salvezza della compagnia e la sconfitta dei neozelandesi[38].

Testimoniò un paracadutista tedesco:

Più e più grappoli di bombe caddero. Ci rendemmo conto che ci volevano annientare, non potevamo capire che questo terribile avvenimento sarebbe andato avanti così a lungo ... Il sole perse la sua luminosità. Fu come la fine del mondo ... Camerati furono feriti, sepolti vivi furono tirati fuori a fatica e a volte sepolti per la seconda volta. Interi plotoni e squadre furono annientati da colpi in pieno. I sopravvissuti fuggivano in coppia o in piccoli gruppi dalle case che stavano divenendo delle trappole per gli uomini e si rifugiavano nelle buche delle bombe. Molti di loro unirono le braccia e nello stesso tempo si tapparono le orecchie perché gli scoppi non ledessero i loro timpani. Sopravvissuti in fuga, mezzo impazziti per le esplosioni, girovagavano quasi istupiditi, inebetiti, evitando qualsiasi copertura, finché, colpiti in pieno da un'esplosione, sparivano. Altri balzavano precipitosamente in direzione del nemico, senza curarsi di aver abbandonato la propria postazione, per scappare da quell'inferno.

I circa 100 paracadutisti tedeschi sopravvissuti al bombardamento organizzarono la difesa della città tra le macerie e riuscirono a bloccare l'avanzata alleata, poiché era praticamente impossibile per i carri armati avanzare tra le macerie delle case e gli innumerevoli crateri delle bombe.
I neozelandesi riuscirono a conquistare la rocca Janula solo dopo aspri combattimenti mentre la SS 6 Casilina rimaneva ancora in mano tedesca. Con il favore della notte il generale Heidrich poté inviare rinforzi ai soldati tedeschi, i quali furono ulteriormente protetti dall'artiglieria posta sulle alture.
Freyberg ordinò allora l'attacco del monastero, che fallì nonostante gli sforzi dei *Rajputana* che giunsero fino a quota 236 e dei Gurkha che, passando per la quota 434, detta nelle pubblicazioni italiane la *collina del boia* (dal pilone della funicolare che era rimasto in piedi, ma in realtà il nome inglese era *Hanging Hill*, la *collina dell'impiccato*), giunsero a quota 435, per poi essere ributtati indietro dai tedeschi.

Dopo un inconsueto violento bombardamento sul fronte meridionale, il nemico ha attaccato la città di Cassino con l'appoggio dell'artiglieria pesante e di carri armati. Gli at-

---

[38] Böhmler, cit. in ibid., p. 119.

tacchi si sono esauriti di fronte all'eroica resistenza del 3° Reggimento paracadutisti, comandato dal colonnello Heilmann, con il valido appoggio del 71° Reggimento mortai comandato dal tenente colonnello Andrae[39].

Il colonnello Heilmann, citato nel bollettino, è un esempio dei giovani ufficiali paracadutisti educati alla *Tattica dell'incarico, o compito (Auftragstaktik)* in antitesi alla *Tattica dell'ordine (Befehlstaktik)* in uso presso altri eserciti e che tanta importanza ebbe nella conduzione degli scontri tra le rovine di Cassino.
Nato a Würzburg il 9 agosto 1903, Heilmann entrò nell'esercito nei primi mesi del 1921. Nel 1934 divenne comandante della 5a compagnia del 20. *Infanterieregiment*.
Durante la campagna di Francia del 1940 si meritò la Croce di ferro come comandante del III° battaglione del 91. *Infanterieregiment*.
Passato alla *Luftwaffe* ed entrato nei paracadutisti nel giugno 1940, divenne comandante del III° battaglione del 1. FJR, col quale partecipò alla battaglia di Creta e, dall'autunno 1941, alla Campagna di Russia. Paracadutato in Sicilia dopo lo sbarco alleato, nell'agosto 1943 divenne comandante del IV° battaglione del 3. FJR e poi, da novembre, colonnello comandante dello stesso reggimento della 1. *FJ- Division*, che comandò in modo eccellente durante la battaglia di Ortona a fine dicembre. Successivamente, il terzo reggimento FJ di Heilmann venne trasferito nel settore di Cassino, divenendo il simbolo stesso della difesa tedesca della Linea *Gustav*. Nel novembre 1944, dopo esser stato promosso *Generalmajor*, divenne comandante della 5. *FJ- Division*, con la quale partecipò alla battaglia delle Ardenne. Catturato dagli statunitensi poco prima della fine della guerra, venne rilasciato nel 1947. Morì il 26 ottobre 1959 a Kempten.
Ecco un suo ricordo tratto da un articolo da lui scritto per il numero di aprile della rivista *Der deutsche Fallschirmjäger*:

Quando, al primo mattino del 15 marzo 1944, il generale Heidrich si recò ad ispezionare il 3° Reggimento paracadutisti, non poteva immaginare che di là, dall'altra parte del fronte, anche il generale Alexandersi trovava nella zona della battaglia. Erano quasi le 8 ed io, nel mio posto tattico, informavo il generale Heidrich sulla situazione, allorché ebbe luogo una serie di detonazioni che scosse il ricovero. Dapprima non ci preoccupammo di ciò, ma quando il fatto si ripete, ci guardammo intorno con attenzione. Di nuovo volava via su di noi un'ondata di bombardieri. Il tappeto si stava srotolando al di sopra della città di Cassino ed ora un'ondata seguiva rapidamente l'altra. Gli Inglesi riferirono più tardi che erano cadute sul posto 2500 tonnellate di bombe. Praticamente, doveva essersi estinta ogni forma di vita. E questo supponevano anche i Neozelandesi quando, dopo un supplementare fuoco di preparazione di artiglieria, montarono sulle rovine con l'intento di raggiungere la via Casilina (Strada Statale n.6). Ma il loro tentativo soffocò nel fuoco di sbarramento del Battaglione Foltin.
Il capitano Rennecke, mio aiutante, assunse il comando del II Battaglione; tutte le armi pesanti della Divisione furo impiegate nel campo principale della battaglia. In giornata

---

[39]Bollettino tedesco del 16 marzo 1944.

si pervenne a durissimi combattimenti all'interno ed attorno alle rovine della città. Ma il nemico non passò. Dietro alle macerie tenevano duro comandanti sperimentati di truppe d'assalto, come il comandante di avamposti Neuoff, che con i suoi uomini non potevano essere sopraffatti con facilità. Mentre a Cassino i combattimenti si erano notevolmente estesi, nel campo principale della battaglia avvenne un mutamento. Le armi pesanti e l'artiglieria sviluppavano gradualmente la loro attività. Fu una grande fortuna che il Comando delle divisioni fosse sul davanti all'inizio dell'attacco. L'intera artiglieria divisionale ricevette subito dei compiti precisi. Questo non era più tanto semplice al sesto anno di guerra. La nostra truppa, che così copiosamente era affluita ai punti cruciali, cominciò direttamente a sentire in maniera piuttosto dura la superiorità materiale dell'avversario. Qui, a Cassino, mi proposi molto seriamente di vincere la battaglia con l'artiglieria. Sapevo benissimo che i miei pochi uomini, anche con la massima volontà e bravura, non avrebbero potuto vincere da soli. Avevo già mandato verso Cassino i miei comandanti migliori e più sperimentati. Il capitano Rennecke, mio aiutante, svolse benissimo la sua parte. Ma io volevo decidere la battaglia con un combattimento di fuoco e, questa volta, la fortuna mi fu propizia. Senza tener conto di nessuna obiezione, pretesi dall'artiglieria un impiego senza riguardi di munizioni. Volevo avere il fuoco nei supposti punti di concentramento del nemico; i miei ragazzi dovevano soprattutto sapere di avere ancora qualcuno dietro di essi. Cominciò così una lotta sulla superiorità di fuoco, come ben di rado si è mandato ad effetto in questa guerra. La battaglia intorno a Cassino infuriava già da mesi e l'artiglieria avversaria lavorava con precisione sempre maggiore. Ogni bersaglio noto o supposto nel nostro campo principale di battaglia fu preso di mira. La "Gustav di ferro" girava indisturbata da mane a sera sopra le nostre posizioni. Di giorno si doveva sbriciolare tutto; di giorno questo, e di notte un fuoco ininterrotto di interdizione ed imponenti fuochi improvvisi di sorpresa che rendevano quasi impossibile il rifornimento delle truppe. Non era nemmeno possibile raccogliere i feriti. Una volta si dovette emanare l'ordine di andarli a prendere di giorno con i veicoli corazzati provvisti, logicamente, di bandiere con la croce rossa applicata sopra e bene in vista. Purtroppo questa misura di emergenza fu fraintesa dall'altra parte e già durante le operazioni di battaglia, ma ancor di più dopo il crollo, essa costituì motivo per ingiuste accuse. Certamente era difficile da comprendere come la truppa tedesca potesse ricevere ancora dei rifornimenti. Ma notte per notte gli automezzi corazzati sostavano sulla via Casilina fino al posto di rifornimento. Pesantemente caricati, i portatori andavano correndo sulla roccia scoperta, si facevano strada a salti tra un cratere e l'altro e poi arrivavano esausti ma trionfanti davanti ai loro camerati. In questi giorni ci fu una comune generosa rivalità giurata in seno alla 1ª Divisione paracadutisti. Ognuno dava il meglio di se stesso.

Erano dei puri guerrieri sperimentati, che passavano da un grosso impiego ad un altro. Con questa comunanza di sforzi il giuoco di destrezza era così pervenuto ad ottenere, almeno temporaneamente, la superiorità di fuoco. L'azione procedeva nel seguente modo: l'ufficiale di collegamento con l'artiglieria al posto tattico del 3° Reggimento paracadutisti portava con grande abilità, e utilizzando tutti i mezzi possibili di informazione, i reparti di artiglieria sempre più avanti sulla linea di fuoco. Si arrivò perfino ad intercalarli con l'artiglieria della Divisione vicina. Gli osservatori dell'artiglieria e delle armi pesanti si trovavano su Monte Cassino ed avevano lì un eccellente posto di osservazione. Le Compagnie armi pesanti e le batterie della Divisione erano raggruppate insieme e accoppiate l'una con l'altra. Le mitragliatrici pesanti facevano uso di postazioni coperte, il che, in precedenza, era stato alquanto trascurato. Il piano di fuoco si estendeva infine a quasi tutte le armi a disposizione; gli stessi fucilieri e lanciatori di granate a mano avevano il loro preordinato compito d'impiego. Innanzi tutto, però, aveva valore il combattere l'artiglieria nemica, ma per questo ci mancavano i mezzi, un reparto di osservazione e munizioni sufficienti. Qui si doveva approntare un aiuto efficiente. Al Comando, una sezione da 88 si dichiarò pronta: le batterie erano riconosciute idonee per combattere. Anche l'effetto non mancò. Subito dopo l'impiego di questa sezione, il fuoco nemico diminuì sensibilmente. Tuttavia, non riuscimmo ad acchiappare le sue batterie che coprivano così il nostro 71° Reggimento puntatori. Infatti, appena i nostri puntatori avevano sparato, quelle batterie rispondevano con tale rapidità che i serventi avevano appena il tempo di raggiungere i loro ricoveri. Essi avevano tanto collaborato con tutti che noi, ancora per un giorno, possedevamo la superiorità di fuoco. Dall'altra parte non poteva essere eseguito poco più di un movimento che non fosse subito preso da noi, sotto il nostro fuoco. Adesso l'avversario cominciava ad occultarsi[40].

Nel frattempo Kesselring, postisi sulla difensiva sul fronte di Anzio e Nettuno, dopo la fine delle controffensive *Fischfang* e Seitensprung, che avevano quasi ributtato a mare gli angloamericani costringendoli alla difensiva e che avevano trasformato la testa di sbarco nel *maggior campo di concentramento autosufficente d'Europa*[41], avvicendò nel settore di Cassino l'esausta 90. *Panzergrenadier - Division* con la 1. *Fallschirmjäger*, veterana della Sicila e della battaglia di Ortona, la *Stalingrado d'Italia*, dove la divisione si era fatta le ossa nel combattimento nei centri abitati.

La 1ª divisione paracadutisti era stata formata nella primavera del 1943 con quello che restava della vecchia 7ª divisione aerea. Quando gli Alleati sbarcarono in Sicilia, il 10 luglio 1943, la 1ª divisione aveva un organico pari a 15.000 uomini, ma dopo sette mesi di guerra di logoramento, nel febbraio del 44, era ormai dimezzata. Infatti molti battaglioni erano al di sotto dei 300 elementi e le compagnie si erano ridotte a 30 o 40 uomini. La divisione era stata impegnata in azione, senza un attimo di tregua, sin da Salerno. I superstiti erano estremamente provati e molti di loro si erano ammalati di malaria. La 1ª divisione paracadutisti, considerata un'unità d'*élite*, aveva ricevuto un incarico particolarmente difficile – per il quale altre divisioni erano state scartate – ed era determinata a confermare la sua reputazione.
Dopo l'aviolancio sull'isola di Creta, nel 1941, subendo pesanti perdite, le forze aviotrasportate tedesche si erano trasformate in reparti terrestri d'élite che Hitler aveva impiegato come componente centrale della sua *brigata di fuoco* (*Feuerwehr*). Dopo il 1943, la Divisione era stata equipaggiata con armi più efficaci, tra cui il fucile mitragliatore FG42 in calibro 7,92x57, il cannone anticarro senza rinculo da 75 mm e il cannone leggero campale da 100 mm[42].

Dopo il ritiro dei *Panzergrenadiere* della 90., i tedeschi avevano tenuto Cassino

---

[40]Heilmann, *I Paracadutisti tedeschi*, trad. it. In
http://www.dalvolturnoacassino.it/asp/doc.asp?id=028
[41]Colloredo, *Südfront*, cit., p. 72.
[42]http://www.difesaonline.it/news-forze-armate/storia/cassino-1944-la-stele-delle-inutili-polemiche-e-dei-veri-eroi

con il solo 3. FJR al comando del colonnello Heilmann, quando nel momento cruciale della battaglia finalmente giunse il resto della 1. divisione del generale Heidrich con le riserve e le artiglierie, mutando decisamente gli equilibri della battaglia.

Tra il 16 e il 17 marzo i genieri neozelandesi riuscirono a ricavare un passaggio per i carri armati tra le macerie della città e gli alleati riuscirono così a conquistare la stazione ferroviaria, poco distante dalla via Casilina.

Il 17 marzo vi fu una breve tregua che permise alle due fazioni di recuperare morti e feriti. Il giorno successivo i paracadutisti tedeschi tentarono di riprendere la stazione, ma i soldati neozelandesi li respinsero; nel frattempo due compagnie del Battaglione *Essex* furono inviate sulla rocca Janula per rinforzare i Gurkha del I/9°, rimasti soli sullo sperone dell'*Hanging Hill*.

Piogge torrenziali avevano trasformato il campo di battaglia di Cassino in una palude, rendendolo praticamente impercorribile da parte dei corazzati. In breve le artiglierie tedesche ebbero il sopravvento sugli attaccanti. Il secondo giorno gli indiani presero in consegna le posizioni della collina del Castello, mentre i tedeschi, nonostante le pesanti distruzioni operate dai bombardamenti, tenevano ancora la parte sud-occidentale della città e bloccavano l'accesso meridionale alla Casilina.

La battaglia si svolse tra il fango e le macerie, con la fanteria impegnata a combattere casa per casa, in uno scenario allucinante che ricordò da vicino i feroci combattimenti avvenuti ad Ortona tre mesi prima.

Il 18 marzo il bollettino dell'OKW parlava di *entsetzlisch Kampf*, *terrificante lotta* per il centro della cittadina laziale:

Nel fronte meridionale la terrificante lotta per il centro di Cassino continua senza diminuire di violenza. La stazione ferroviaria di Cassino è stata persa dopo un duro combattimento. Tra le rovine della città sono ancora in corso aspri combattimenti.

Il 19 marzo i Maori tentarono la conquista dell'Hotel *Continental* - che in realtà si chiamava *Excelsior*- per poter giungere alla via Casilina, ma ancora una volta i paracadutisti tedeschi riuscirono a bloccarli.

Intanto Heidrich aveva ordinato di riconquistare Rocca Janula, ed all'alba del 19 marzo un battaglione di *Fallschirmjäger* e assalì il castello: i tedeschi raggiunsero le mura e tentarono di scalarle o di demolirle con l'esplosivo. Dall'interno, la guarnigione formata in massima parte da soldati di un battaglione britannico del reggimento *Essex* che si difese disperatamente.

I *Fallschrmjäger* attaccarono Rocca Janula per quattro volte, anche con forze provenienti dalla città, senza risultati e subendo ingenti perdite, ma mandarono all'aria i piani alleati, dato che i soldati britannici da essi impegnati non poterono giungere in rinforzo ai *Gurkha* sulla *Hanging Hill* per poi assalire l'Abbazia come pianificato dal comando alleato. Gli *Essex* furono decimati e l'attacco alla collina del monastero venne annullato.

Anche la Brigata indiana cercò di respingere l'attacco tedesco nei pressi della

Rocca Janula; dopo due ore di tregua per il recupero dei morti e dei feriti, neozelandesi, indiani e americani con molti mezzi corazzati partirono da Caira verso la Masseria Albaneta alla volta di Montecassino. I genieri avevano infatti realizzato una strada denominata *Cavendish Road* che terminava a 800 metri dal monastero. Si trattava di 15 carri M4A2 *Sherman* dello Squadrone C del 20° Reggimento Corazzato neozelandese, 17 carri M5A1 *Stuart* della compagnia D del 760° Battaglione Carri statunitense, 3 cannoni semoventi M7 *Priest* da 105mm del 760° Battaglione Carri statunitense, 3 carri M4A2 *Sherman* del 7° Squadrone Ricognizione della 7a Brigata indiana (il fatto che si trattasse di M4A2 *Sherman* potrebbe essere un errore: è più probabile infatti che i carri indiani fossero dei carri leggeri M3 o M5), al comando del tenente colonnello John Frederick Adye, un ufficiale d'artiglieria britannico, senza esperienza di corazzati[43]: per di più non c'era appoggio di fanteria, dopo le perdite inflitte agli *Essex* britannici a Rocca Janula.

Sebbene colti di sorpresa- i tedeschi non credevano che i mezzi corazzati potessero operare tra le montagne- i *Fallschirmjäger*, approfittando anche del fatto che i *tanks* erano privi di supporto di fanteria, misero in atto le tattiche di attacco ravvicinato ai carri armati; la battaglia fu durissima e per diverse ore i carri attaccarono la Masseria Albaneta, una grande fattoria che costituiva un forte caposaldo tedesco. Alcuni mezzi si diressero verso l'Abbazia, ma furono distrutti prima che potessero avvicinarvisi.

I carri americani ed indiani mossero alle 06:30 con obbiettivo la "Casa del Fantasma" mentre alle 07:00 i neozelandesi attaccarono Masseria Albaneta.

Per tutta la valle, scrive M. Lottici nella sua ricostruzione degli scontri, i mezzi corazzati neozelandesi furono fatti segno dal tiro delle armi automatiche e dei mortai; un certo numero di carri fu costretto a uscire dalla stretta pista e si impantanò o perse i cingoli a causa delle mine.

Anche gli americani ebbero varie difficoltà dovute al terreno scosceso e accusarono la perdita di un carro; l'azione degli americani fu interrotta, anche se i cannoni semoventi colpirono ripetutamente la "Casa del Fantasma".

Viste le difficoltà che i neozelandesi incontravano a causa del fango e del fuoco nemico, alle 13:00 gli americani ricevettero l'ordine di interventire anch'essi su Masseria Albaneta, nel tentativo di continuare sul sentiero che arrivava alle spalle delle quote 593 e 569 e poi giù verso il versante occidentale del Monastero.

Le difficoltà degli equipaggi ed anche le esitazioni del comando alleato, permisero ai paracadutisti tedeschi di preparare la reazione.

I carri americani riuscirono a raggiungere le grotte alle spalle di quota 593 e uno addirittura arrivò in vista del Monastero. Il sentiero dietro ai carri *Stuart* venne però bloccato dai *Fallschirmjäger* della 14. compagnia del 4. FJR che lo minarono e attaccarono i carri con i loro *Panzerschreck* e con il lancio di bombe a ma-

---

[43] M. Lottici, "Cassino, 19 mazo 1944- Masseria Albaneta",
http://www.dalvolturnoacassino.it/asp/doc.asp?id=011

no[44].

Il maggiore Böhmler riporta la testimonianza di uno dei protagonisti di quell'episodio, Karl Newedel:

La nostra unità era specializzata negli attacchi contro i carri armati e contro le postazioni fisse. A Cassino prendemmo posizione ai piedi di quota 593, detta "il Calvario", in piena vista di Masseria Albaneta e del sentiero per Villa Santa Lucia, da dove arrivavano i nostri rifornimenti. Più in alto, nella sella tra Colle Sant'Angelo e il Castellone, il nostro compagno Andreas Mader era in posizione con una batteria di "Nebelwerfer" che, in stretto contatto con noi, concentrava rapidamente il fuoco sugli sventurati che attaccavano nella nostra direzione. Quella mattina l'attacco dei carri ci colse notevolmente di sorpresa, poiché non capivamo come potevano essere arrivati fin lassù.
(...) Attendemmo che l'artiglieria ed il tiro controcarro fermassero il carro di testa e con l'amico Franz Kaupa ci lanciammo verso i carri più vicini che erano fermi sulla strada o che roteavano impazziti. Alcuni sparavano verso l'Albaneta o contro le rocce dove eravamo rintanati, ma presto furono neutralizzati e messi fuori combattimento. Approfittando della mischia, un carro "Stuart" si era velocemente lanciato in direzione dell'Abbazia, con il capocarro ben rintanato al suo interno per evitare il tiro dei cecchini. Chiamammo allora il posto di comando, situato in una grotta ai lati della strada che stava percorrendo il carro ed avvertimmo del pericolo i nostri compagni. Al comando del tenente Eckel essi uscirono rapidamente all'esterno e bloccarono il carro fuggitivo piazzando una mina magnetica sulla sua struttura di acciaio.
Di lì non sarebbe passato più nessuno.

Il sottotenente Raimund Eckel, comandante della compagnia, danneggiò personalmente tre carri utilizzando delle *Tellermine*.

Verso mezzogiorno del 19 marzo 1944 giungono al Comando del II Battaglione notizie su carri armati nemici che si starebbero avvicinando alla Massa Albaneta. Stupore e incredulità generali, anche al Reggimento, dove la notizia viene presa come uno stupido scherzo. Nessuno ritiene possibile che il nemico possa scalare con i carri armati l'erta montagna. Eppure Grassmel che guida il Reggimento in sostituzione del comandante, pensa che in tempo di guerra tutto è possibile e chiama a se il sottotenente Eckel.

Al sottotenente Eckel viene conferito l'incarico di verificare le voci.

Il sottotenente, che si trova al comando del II Battaglione, parte con il suo portaordini e un corrispondente, che era casualmente presente. Sfruttando tutte le coperture i tre, di soppiatto, si avvicinano all'Albaneta, distante 300 metri. Appena giunti dietro ad una roccia, che li copre, vedono come davvero numerosi carri armati nemici si avvicinano, avanzando sull'angusto sentiero montano, sferragliando e sparando selvaggiamente intorno a sé.

Eckel conta 17 carri armati di provenienza americana, i "General Grant" e i "Commando", armati con un cannone 3,7 cm, una mitragliatrice e un Fla-MG.

Non c'è alcun dubbio sugli obiettivi che il nemico vuole raggiungere col suo attacco corazzato: avanzamento verso l'Abbazia e cooperazione con i *Gurkha* fortemente assediati alla quota 435.

Ora anche gli osservatori delle artiglierie hanno scoperto questo attacco dal valore di rarità e chiamano le loro batterie. Ulteriori batterie intervengono.

---

[44]Ibid.

Quando il fumo e la polvere sono svaniti, 6 carri armati sono bloccati gli altri curvano e sbandano, intorno alla Albaneta, sparando a casaccio a più non posso.

Il sottotenente Eckel, il suo portaordini Kammermann e il corrispondente s'accorgono che 3 carri armati virano in direzione dell'Abbazia. L'unica via che possono percorrere per raggiungerla è costituita da una stretta mulattiera, riflette Eckel, il quale si mette immediatamente ad inseguirli. Pur non avendo alcun mezzo per il combattimento ravvicinato, spera di poter gettare una granata a mano in un boccaporto. Ecco che, del tutto casualmente, i tre trovano 3 mine a "T" presso la fonte vicino Albaneta.

In stato di agitazione febbrile, passando velocemente accanto ai carri armati, Eckel prepara uno sbarramento sul sentiero con le mine a "T".

Non sospettando nulla, il primo carro armato si avvicina allo sbarramento. Dal suo nascondiglio Eckel ne intravede soltanto l'antenna ballonzolante.

Ecco che un rumore assordante scuote l'aria. La trappola è scattata! Al carro armato colpito si è rotto un cingolo e così resta fermo, impossibilitato a muoversi e interrompendo la marcia verso l'Abbazia anche degli altri. Dall'alto i paracadutisti seguono molto attentamente gli avvenimenti.

Quando l'equipaggio scende a terra per fissare una fune da rimorchio al carro armato "ferito", al fine di sgomberare la via, viene investito dal fuoco ben mirato dei paracadutisti. Gli uomini dell'equipaggio del carro armato "paralizzato" vengono ora presi dalla rabbia: iniziano a sparare alla cieca con i cannoni e le mitragliatrici contro i pendii sui quali pascolano dei muli, ammazzandone alcuni.

Ora cosa fare? Eckel sa che al Comando c'è dell'esplosivo. Allora inizia a correre e strada facendo viene colpito da una scheggia di granata, che gli resta conficcata nella schiena. Armato di alcune mine a "T", si avvicina di nuovo velocemente ai nemici, per dar loro il colpo di grazia.

Con un grandissimo salto egli arremba il carro armato da dietro. In non più di un secondo spalanca il boccaporto, accende la mina e la lancia all'interno del carro armato. Eckel si precipita in copertura.

Dietro di lui due uomini dell'equipaggio scendono a terra sbiancati dal terrore. Ecco che una forte esplosione squarcia l'aria.

Il carro armato è scoppiato, la mina lo ha ridotto in mille pezzi.

Gli altri paracadutisti non possono restare impassibili davanti all'agire di Eckel. I caporali Wielun e Sack vengono presi da una irresistibile smania d'azione.

Anche loro trovano alcune mine a "T" e le usano per annientare 2 carri armati nello stesso modo di Eckel. Altri 2 vengono liquidati dai caporali maggiore Hufnagel e Gudd. 12 carri armati sono stati fermati, 6 dei quali distrutti.

I restanti 5 strepitano ancora nei dintorni. Hanno preso di mira soprattutto Albaneta.

Ancora una volta Eckel scatta dal suo nascondiglio e piazza una mina dietro la torretta del carro armato.

Appena riportatosi in sicurezza anche la torretta vola per aria. Numero 13 è liquidato. Il 14° lo distruggono Eckel e Wielun insieme.

Ora gli uomini dell'equipaggio dei restanti carri armati sono presi dal terrore. Precipitosamente spalancano il boccaporto, escono e cercano la salvezza nella fuga. Ma non vanno lontano. Vengono circondati da un fuoco distruttore. Alcuni cadono, altri cercano di difendersi, ma molto presto riconoscono la loro condizione disperata e si arrendono. Meglio stare sicuri, pensa Eckel, e al crepuscolo da ordine ai suoi oumini di far saltare i carri armati abbandonati.

Tutta l'azione è durata un'ora circa[45].

Sulla *Cavendish Road* i carri armati alleati, obbligati a muoversi in fila, si trovarono sotto il fuoco d'artiglieria tedesco prima, e poi assaltati in combattimento ravvicinato subito dopo, venticinque carri furono distrutti e gli altri costretti a battere in ritirata. Fallì così l'ennesimo attacco alleato[46].
Scrive Böhmler che

L'eccellente lavoro prestato dal nostro sottotenente Eckel, che eccelse in abilità militare, efficienza e coraggio nella distruzione dei carri armati, purtroppo non fu considerato in maniera adeguata dal Reggimento e dalla Divisione, secondo l'opinione degli appartenenti alla 14a Compagnia del 4° Reggimento.
Era chiaro che, continuando nell'azione, i carri alleati sarebbero andati incontro a un disastro e così quelli che potevano ancora ritirarsi lo fecero, tormentati da ogni genere di colpi che il nemico poteva sparare. Quattordici carri furono colpiti o abbandonati e le perdite fra gli equipaggi furono sensibili.
Anche se per alcune ore la voce della radio tedesca apparve così emozionata da rasentare il panico, quella che avrebbe dovuto essere una semplice "operazione diversiva" fu pagata dagli alleati con un prezzo altissimo di mezzi e di uomini, ottenendo come risultato un breve periodo di panico tra le linee nemiche, ma provocando un ulteriore rinforzo della "porta" di Masseria Albaneta da parte dei tedeschi[47].

Un paracadutista tedesco, Rudolf Valentin, che combatté nella 3. compagnia del I. *Fallschjrmpionier-Bataillon* così ricordò quanto avvenne durante i combattimenti in una vivace testimonianza che ben rende lo spirito della battaglia:

Noi del primo plotone, 26 uomini al comando del sottufficiale Saam, dovevamo attaccare su entrambi le curve a crinale che erano difese dai *Rajputana* (soldati indiani) e se possibile riconquistare la Rocca Janula, la cosiddetta collina del Castello.
All'una di notte lasciammo il Monastero caricati pesantemente di munizioni e bombe a mano per attaccare alle prime luci dell'alba.
Silenziosamente nel buio ci toccavamo, scendendo dal pendio, verso il basso, e, verso le quattro di mattina, raggiungemmo la quota 236.
Al di sopra della curva a crinale più alto c'erano gli ultimi sei uomini della 3ª Compagnia del 3° Reggimento; erano demoralizzati e davanti a loro avevano i *Rajputana* che si erano trincerati sino a 20 metri da loro.
Dopo brevi spiegazioni con il tenente Hering, comandante della 3ª Compagnia, attaccammo, ma subito rimanemmo a terra per il pesante fuoco di mitragliatrici, alcune bombe a mano volarono verso tronchi d'albero bruciacchiati e tornarono indietro.
Ma il secondo attacco ebbe fortuna; due cariche di esplosivo da 3 kg lanciate dal portatore Franz distrussero alcune postazioni di mitragliatrici e all'istante balzammo all'attacco, sparando con le mitragliatrici appoggiate sull'anca, e con l'aiuto di altre cariche

---

[45]Böhmler, cit., pp. 490-494.
[46]Sugli scontri del 19 marzo si veda il recentissimo lavoro del magg. L. Cavallaro, *Cassino 19 marzo 1944. Assalto a Masseria Albaneta*, Roma, 2018.
[47]Böhmler, cit., p. 494.

esplosive potemmo cacciare i *Rajputana* anche dalla curva a crinale piu' in basso, dovemmo ripulire la quota 192 a sinistra, riuscimmo anche in questo e ci dirigemmo sulla sella che da Montecassino va sulla Rocca Janula.

Qui fummo fermati da un fuoco d'artiglieria nemica, divenne giorno e ci dovemmo ritirare sulla quota 196 e sulla curva a crinale più in alto. Qui ci rendemmo conto che riuscivamo dominare con le nostre mitragliatrici l'unico passaggio che conduceva ai *Gurkha* sulla quota 435.

La resistenza che dovevamo piegare era frutto di un paio di uomini che si trovavano ancora sulla quota 236, che noi appunto dovevamo eliminare affinchè il passaggio sino alla quota 435 e il Monastero diventasse libero.

Con i nostri gruppi d'assalto ottenemmo il risultato desiderato anche se pagammo anche noi il prezzo: due morti, due feriti gravi e il nostro ufficiale medico che venne fatto prigioniero dai *Rajputana* a 20 metri da noi senza che potessimo fare niente per evitarlo.

La situazione in cui noi ci trovavamo non era affatto invidiabile: visto dal Monastero noi ci trovavamo come sulla punta di un cuneo molto stretta, a sinistra una gola ripida che dalla collina del Castello, dietro la Rocca Janula, proseguiva sino alla città, separati da una brigata indiana, davanti a noi il Castello e a destra sopra di noi i *Gurkha* sulla quota 435.

Per questo motivo la nostra mobilità specialmente di giorno era molto limitata. Colui che sarebbe uscito di giorno dalla postazione sarebbe stato vittima del fuoco di cecchini indiani o di quelli inglesi dalla Rocca Janula. In più c'era l'artiglieria e addirittura il fuoco di carri nemici che dalla citta' sparavano su tutto cio' che si muoveva sul Monte. Ad ogni modo eravamo allo scoperto con il Monastero in alto si trovava sopra di noi.

I *Gurkha* sulla quota 435 si trovavano in una situazione analoga, essi si dovevano rendersi invisibili di giorno altrimenti sarebbero stati colpiti dall'artiglieria tedesca assieme alle granate di mortaio che venivano li ottimamente indirizzate dal Monastero. Tutte queste condizioni facevano si che tutti gli attacchi e contrattacchi avvenissero di notte, che per noi, pochi uomini, era un vantaggio. Subito dopo aver fatto buio dovemmo respingere il primo pesante attacco, nella stessa notte ne seguirono altri due.

Il nemico non voleva farsi sbarrare la porta del Monastero dal nostro piccolo manipolo di uomini. Il resistere a questi attacchi era possibile solo grazie ai frequenti cambi delle postazioni di fuoco e l'uso di cariche esplosive per pionieri. Con l'inizio del nuovo giorno dovevamo strisciare nei buchi che avevamo allargato in parte con il puntone dei nostri coltelli a gravita', con l'artiglieria e le granate di mortaio che arrivavano su di noi. Con l'arrivo dell'oscurità iniziarono tanti combattimenti corpo a corpo mortali, nei quali il nemico arrivava a 3-4 metri da noi, prima di poterlo riconoscere dalla forma degli elmetti.

Cominciò a farsi sentire la fame ma soprattutto la sete, l'acqua rimasta era a disposizione dei nostri feriti che non potevamo curare in modo adeguato. Era impossibile pensare di andare a prendere rifornimenti e acqua su sino al Monastero, in quelle notti ciascun uomo veniva utilizzato per respingere i frequenti attacchi che ricevevamo.

Nel primo mattino del 19 marzo arrivò dal Monastero il primo battaglione del 4. Reggimento Paracadutisti con un organico di 120 uomini, con l'ordine di riconquistare ad ogni prezzo la Rocca Janula. Dopo circa 10 minuti di fuoco di mitragliatrice e mortaio gli uomini del 4. Reggimento cacciarono i *Rajputana* dalla curva a crinale inferiore e attaccarono le mura della Rocca Janula. Qui cominciarono terribili combattimenti corpo a corpo quasi di tipo medievale, gli uomini cercarono di arrampicarsi sulle mura, cercarono di aprirsi varco con un buco nel muro, il buco venne aperto ma il nemico del battaglione *Essex* combatté temerariamente e riuscì, sebbene con perdite spaventose, a respingere l'attacco. La tenacia e il coraggio degli uomini del 4. Reggimento non servì a niente, il Castello non poteva essere più riconquistato.

La metà degli uomini pagò con la vita l'attacco, gli altri dovettero indietreggiare sulle nostre postazioni precedenti.

Anche gli inglesi e gli indiani ebbero così gravi perdite che dovettero rinunciare al loro progetto di conquistare il Monastero in questa direzione. In questi giorni venne concordata una tregua d'armi per occuparsi di morti e feriti, cosa che non era stata possibile nei giorni precedenti. Capitò di scambiare con il nemico sigarette e fummo aiutati anche con il loro materiale di pronto soccorso, gli inglesi si prestarono addirittura come aiuto per portare i nostri feriti sino al Monastero, dall'altra parte i *Gurkha* portarono sulle nostre postazioni i loro feriti sino alla Rocca Janula. Poco tempo dopo questi uomini che avevano dimostrato un grande senso cameratesco erano l'uno di fronte all'altro pronti per scontrarsi di nuovo! Che ironia!

Grazie all'aiuto del primo battaglione del 4. Reggimento avemmo la possibilità, nelle notti successive, di arrivare al Monastero prendere acqua, viveri e munizioni.

Nei giorni successivi gli inglesi tentarono di rifornire per via aerea gli indiani isolati sulla quota 435, cosa che riuscì solo in parte perchè gli aerei dovevano lanciare i rifornimenti da quote elevate, e in queste circostanze i nostri rifornimenti vennero incrementati, perchè una grande parte dei paracadute piombò su di noi.

Assieme ai guai dei giorni passati se ne aggiunse uno nuovo: la nebbia, che veniva prodotta dall'artiglieria americana ed inglese per mettere in difficoltà l'osservazione dal Monastero. Questa nebbia bruciava molto agli occhi causava forte tosse e nausea.

Alla sera del 24 marzo noi pionieri fummo vittima dell'attacco più cruento della battaglia, durante un attacco d'artiglieria e mortaio, un proiettile colpì in modo sfortunato l'entrata di una piccola grotta in cui si trovava, tranne tre uomini, tutto il mio plotone; circa 9-10 uomini (*). Durante l'esplosione detonarono circa 20 bombe a mano e una carica esplosiva da 3 kg, l'effetto fu devastante! 3 morti, gli altri feriti in modo grave, e noi gli ultimi 3 del nostro plotone, eravamo salvi, dovevamo ringraziare il caso perchè ci trovavamo in marcia per i rifornimenti.

Il giorno seguente grazie ad una nuova tregua d'armi riuscimmo a portare i nostri feriti sino su al Monastero, tra questi c'era anche il nostro comandante di plotone Saam e il portatore Franz, che putroppo morì il giorno dopo. Venne seppellito ai piedi di una palma distrutta nel chiostro del monastero dai camerati della seconda compagnia che si trovavano nel monastero.

Il giorno dopo permettemmo agli indiani di evacuare i loro feriti e di portarli dalla quota 435 alla Rocca Janula. Non tutti gli uomini che passavano diretti al Castello erano propriamente feriti ma noi li lasciammo passare comunque, ci sentivamo accumunati a queste persone dalle stesse esperienze e dallo stesso soffrire che anche noi stavamo patendo.

Nella notte seguente scesero lungo le nostre postazioni un paio di *Gurkha* che ancora si trovavano sulla collina dell'Impiccato (quota 435); si diressero anch'essi verso la Rocca Janula e noi li lasciammo passare. Il giorno dopo i combattimenti ancora ristagnavano.

Nella prima metà di aprile, noi, ultimi 3 pionieri del primo plotone, assieme agli uomini del battaglione Boehmler, lasciammo il Monte che tanto aveva richiesto alle nostre vite, assieme al sangue e alle privazioni. I pionieri Lang e Richter ebbero un paio di giorni riposo, io, con la malaria, venni ricoverato nell'ospedale da campo a Fiuggi[48].

Il generale von Senger und Etterlin commentò:

Conoscevo il terreno di Podere Albaneta, Quota 593 e Quota 444, per esserci passato a piedi mentre andavo a ispezionare un battaglione della 90ª divisione granatieri corazzati. Allora le tracce di sangue lasciate dai feriti in barella che venivano portati via mi avevano segnato il percorso lungo la salita. Si trattava di posizioni sistemate molto bene a difesa, che venivano via via perfezionate dai soldati. (...) Come sempre accade nella lotta a distanza ravvicinata, la vicinanza fisica dell'avversario creava una specie di cameratismo tra i combattenti delle fazioni opposte. Questo cameratismo si manifestava soprattutto in presenza dell'angoscioso problema del trasporto dei feriti. Spesso si arrivò, come mi era già capitato di vedere durante le operazioni in montagna, a tregue di carattere locale, in maniera che tedeschi e alleati potessero mettere al sicuro i rispettivi feriti. A varie riprese i nostri paracadutisti dislocati su Montecassino lasciarono passare dei feriti alleati anche senza alcun accordo preventivo. Un po' alla volta si stabilì la consuetudine di raccogliere i feriti, quando non era possibile fare altrimenti, di pieno giorno sotto la protezione dell'insegna della Croce Rossa.

Vale la pena a questo punto di esaminare più in dettaglio il comportamento dei paracadutisti tedeschi nel corso della terza battaglia.
Così il colonnello Heilmann riassunse dopo la guerra la situazione del suo 3. FJR:

Più di una volta dopo l'attacco con i bombardieri, Cassino sembrava perduto. Sempre di nuovo si veniva al combattimento vicino all'Hotel Excelsior. Al 22 marzo la situazione pareva senza speranza. Sul pendio di Monte Cassino, un battaglione indiano dominava con il fuoco la Via Casilina e minacciava il Monastero. Il Monastero somigliava ad una fortezza assediata. Un giorno apparvero perfino otto carri nemici presso la Masseria Albaneta, ben alti sulla rupe e a tergo di Cassino. Con ciò, la situazione per il Battaglione Bohmler era molto critica giacché il Monastero veniva tagliato fuori da ogni collegamento. Il I Battaglione si era fermamente annidato nelle rovine del Monastero e assicurava le postazioni in caverna dell'artiglieria e delle armi pesanti. Per quanto il Battaglione non fosse stato fino ad allora seriamente minacciato, fin dal principio si era trovato in una situazione alquanto scabrosa. Come è noto, il Monastero fu occupato quando, mediante un bombardamento alleato, esso fu completamente distrutto. Sotto il cumulo delle macerie giacevano cadaveri di donne e di fanciulli che qui, nel Monastero, avevano cercato rifugio. Un permanente lezzo di putrefazione emanava tutto intorno e mancava totalmente l'acqua. Ogni rifornimento doveva essere portato sulla montagna con immane fatica. Con l'irruzione del Battaglione indiano, quindi, veniva a mancare ogni collegamento. Fuori dal terreno del Monastero si trovavano sporadici elementi, miseri resti del 4° Reggimento paracadutisti, senza alcun riparo dal fuoco nemico. La situazione era così disperata al giorno 22 che si vedeva chiaramente avvicinarsi la fine. L'avversario, però, dimenticò al momento giusto lo scossone decisivo, per cui un'ardita sortita ed una carica disperata di circa trenta paracadutisti porto il primo alleggerimento alla situazio-

---

[48]http://www.dalvolturnoacassino.it/asp/doc.asp?id=113

ne. Dal 4° Reggimento paracadutisti questi uomini valorosi scesero giù per il pendio e chiusero la breccia attraverso la quale gli Indiani avevano fatto irruzione; a dire il vero non completamente, ma i restanti 200 metri furono coperti con il fuoco. Da quel momento gli indiani non ebbero più alcun collegamento con le retrovie. Questo trucco aveva il vantaggio di sistemare i punti di rottura senza subire contrattacchi. La presenza del Battaglione indiano nel suo campo di battaglia principale rese nervoso il Comando Supremo tedesco. Sempre di nuovo veniva la domanda perche il 3° Reggimento paracadutisti non facesse nessun contrattacco. Ma uno sguardo all'interno del terreno sarebbe stato sufficiente per ogni tattico per ravvisare l'impossibilità di una impresa del genere. In primo luogo mancavano gli uomini, e, secondariamente, i pendii erano estremamente difficili da scalare. Anche un'incursione fuori dal Monastero appariva completamente inutile dopo che un tentativo era già andato a vuoto. Così rimase inutilizzato il Battaglione indiano che rimase, sì, sul pendio scoperto di Monte Cassino, a prendere dal basso un fuoco efficace. Gli indiani imbottigliati furono per diversi giorni riforniti per via aerea; molti contenitori da lancio poterono anche essere raccolti dalla nostra gente, con tutte le belle cose che contenevano e in special modo cioccolata e sigarette.

La situazione degli Indiani diventò, man mano, sempre più difficile e un giorno essi alzarono la bandiera con la croce rossa. Un ufficiale britannico trattò con un comandante dei paracadutisti e fu convenuto lo scambio reciproco dei feriti. Gli Indiani riportarono indietro i loro uomini e, alla fine dello sgombero, essi erano tutti spariti (sicuramente non tutti erano realmente feriti). Comunque la HKL era di nuovo in nostre mani. Con una particolare tattica di fuoco, il nemico fu sloggiato anche dalla stazione di Cassino.

Gli otto carri armati presso Masseria Albaneta poterono essere distrutti dallo Stato Maggiore del 1° FJR; il tenente Eckel ne distrusse tre con mine "T", un nuovo tipo di mine per combattere efficacemente i carri armati.

L'impiego di questi nuovi mezzi suscitò, allora, l'interesse dell'avversario. Durante la battaglia di Cassino gli Inglesi resero noto questo nelle loro relazioni[49].

Malgrado le perdite pesantissime il morale dei parà della 1ª divisione era molto alto: non solo erano uniti dallo spirito di corpo ma si era stabilito fra tutti un legame particolarmente stretto derivante dal fatto che essi avevano condiviso i pericoli dei lanci con il paracadute ed imparato a fare affidamento sulla professionalità e su coraggio di ciascuno di loro. Molti ufficiali e sottufficiali erano veterani delle campagne d'Olanda, Belgio, Creta e URSS. Per tradizione gli ufficiali più elevati in grado erano sempre in prima linea con i soldati e impartivano gli ordini sotto il fuoco e non da posizioni riparate. Ovviamente non era soltanto lo spirito combattivo a fare della 1ª divisione un'unità di prim'ordine: un elemento importante risiedeva nell'addestramento.

Il livello d'addestramento degli uomini e la loro capacità di adattarsi alle situazioni più disparate erano da attribuire a Heidrich, comandante della divisione. Egli credeva in una preparazione ampia, approfondita e con molta immaginazione. Aveva imposto l'utilizzo di munizioni non a salve in tutte le esercitazioni ed aveva abituato i suoi uomini ad essere individualisti, tenaci e sicuri.

Ogni *Fallschirmjäger* riceveva un addestramento completo: era fante, geniere ed artigliere anticarro, tutto in un solo uomo. L'attenzione avuta nei confronti

---

[49]Heilmann, art. cit., in http://www.dalvolturnoacassino.it/asp/doc.asp?id=028

dell'addestramento in campi come quello di Friburgo e perfezionato nelle campagne di cui i *Fallschirmjäger* erano ormai veterani avrebbe poi dato i suoi frutti proprio a Montecassino.

Prima dell'attacco dei neozelandesi, il II° battaglione aveva una forza di 300 uomini e 5 cannoni; dopo l'incursione si era ridotta a 140 uomini e un cannone. La 7ª compagnia era stata ridotta a un pugno di parà, mentre la 5ª e la 8ª non avevano più di 30 paracadutisti ciascuna.

La 6ª compagnia, che aveva trovato rifugio in una caverna nella roccia ai piedi del colle dell'abbazia, non aveva subito perdite.

Heidrich, che all'alba si era portato al quartier generale del 3. *Fallschirmjäger-Regiment*, non riusciva più a stabilire contatti con il II° battaglione né con il XIV. *Panzerkorps*, dal momento che con il bombardamento tutte le comunicazioni si erano interrotte. La difesa di Montecassino era nelle mani di quei gruppi sparsi di parà che erano riusciti ad emergere dalle macerie dopo il martellamento compiuto dai bombardieri.

Paradossalmente, per gli alleati l'effetto di quel massiccio bombardamento fu deludente: la metà dei parà tedeschi era fuori gioco, ma il morale dei superstiti non era stato spezzato. Erano anzi furiosi e pronti a combattere fino all'ultimo uomo. Il bombardamento si rivelò anche un fallimento tattico in quanto aveva trasformato l'intera zona in un paesaggio lunare pieno di macerie e di crateri che rendevano l'avanzata delle truppe alleate molto difficile.

I cumuli di detriti causati dall'incursione rallentarono la marcia dei neozelandesi i quali furono anche costretti ad abbandonare i loro mezzi corazzati di supporto. In questo modo l'attacco divenne una lenta, scoordinata avanzata che forniva ai paracadutisti tedeschi ottime occasioni per combattere brevi, aspri scontri per ritardare il nemico.

Sebbene avesse perso ogni contatto con il secondo battaglione e fosse nell'impossibilità di coordinare direttamente la difesa, Heidrich riuscì egualmente a dirigere un devastante fuoco di artiglieria sulle unità neozelandesi che avanzavano. In particolare le salve dei mortai e il fuoco dell'artiglieria posta in alto ebbero lo stessero effetto di un bombardamento a tappeto.

Tuttavia, nonostante gli sforzi dei parà tedeschi e l'appoggio dell'artiglieria, entro la sera del 15 marzo i due terzi della cittadina erano stati conquistati dalle forze neozelandesi.

Nei sei giorni che seguirono, la terza battaglia di Cassino divenne uno scontro all'ultimo sangue tra le forze alleate e i parà tedeschi. Ad un certo punto le forze alleate – che erano riuscite a circondare l'abbazia – furono respinte. Heidrich, resosi conto che non era possibile difendere tutti i settori del perimetro, il 16 marzo decise di stabilire a Cassino linee difensive più corte. Due posizioni, un albergo chiamato dagli Alleati *Continental* e l'albergo delle Rose, dominavano la direttrice d'avanzata neozelandese lungo la strada statale n.6 (Casilina) e i punti di accesso dei reparti indiani al massiccio dietro il Colle del Castello. Entrambi gli alberghi furono trasformati in capisaldi ed un carro armato venne addirittura murato nel salone d'ingresso del *Continental*. I parà tedeschi scavarono trincee in mezzo agli edifici circostanti e buche nelle quali sistemarono le armi pesanti. Quindi, con il favore dell'oscurità, Heidrich fece infiltrare lentamente i rinforzi[50].

Il 20 marzo gli alleati tentarono un colpo di mano contro i *Fallschirmjäger*, ma anche questo tentativo fallì. A questo punto il generale Alexander, convocato il consiglio di guerra, decise la sospensione della battaglia. Tutti i generali furono concordi con Alexander, ad eccezione di Freyberg che chiese ed ottenne di effettuare un ultimo tentativo, e così il 2 marzo il 2° Corpo d'armata neozelandese sferrò un attacco contro i paracadutisti tedeschi. l'ennesimo, sanguinoso, fallimento.

I neozelandesi persero 1.600 uomini, la 4ª Divisione indiana oltre 3.000.

Il 22 marzo il Maresciallo Alexander dispose la sospensione definitiva dei combattimenti.

I comandanti dei due schieramenti erano consapevoli che il fallimento dell'avanzata era interamente dovuto alla strenua difesa delle linee da parte della 1ª divisione paracadutisti. Il generale americano Marshall riferì che i ripetuti tentativi di conquistare la città fallirono di fronte all'accanita resistenza di unità tedesche di prim'ordine e precisamente la 1.ª *Fallschirmjäger- Division* che il Maresciallo Alexander definì come la migliore divisione tedesca vista su qualsiasi fronte.

Il comandante della 10. Armee, Vietingoff, da parte sua, riferì a Kesselring che *nessun'altra formazione, a parte la 1ª divisione paracadutisti, avrebbe potuto resistere a Cassino.*

Le perdite erano state elevatissime.

Il 3. *Fallschirmjäger*-Regiment, ad esempio, su una forza originale composta da 700 uomini, riportò 50 morti, 270 dispersi e 114 feriti.

Alla fine di marzo del 1944 la 1.ª *Fallschirmjäger- Division*, duramente provata, ma vittoriosa, venne ritirata dal fronte di Cassino per una settimana di riposo prima di tornare in prima linea.

Tornato sulla linea del fronte, Heidrich posizionò il FJR 4. e un battaglione di mitraglieri paracadutisti nella cittadina di Cassino e tra le macerie della stessa abbazia, mentre il FJR 3. venne tenuto di riserva; truppe di montagna vennero aggregate alla divisione per difendere Monte Cairo.

Infuriato per l'ennesima disfatta di fronte alle truppe di Kesselring Churchill inviò un Telegramma di fuoco ad Alexander:

Desidero mi spieghiate come mai questa vallata presso la collina dell'abbazia di Montecassino, larga appena dai 3 ai 5 chilometri, rappresenti l'unico fronte contro cui dovete continuamente dar di cozzo. Ormai in questo settore sono state logorate da 5 a 6 divisioni. Non conosco, a dire il vero, il terreno e le condizioni in cui si combatte, ma, guardando le cose da lontano, mi vien fatto di chiedermi perché, se il nemico può essere

---

[50]http://www.difesaonline.it/news-forze-armate/storia/cassino-1944-la-stele-delle-inutili-polemiche-e-dei-veri-eroi

contenuto e tenuto in rispetto su tale fronte, non si compiano attacchi sui fianchi. Pare a me assai difficile intendere perché questa posizione così potentemente fortificata sia l'unico varco che consenta di avanzare o perché, una volta che essa sia militarmente insuperabile, non si possa guadagnare terreno sull'uno e sull'altro lato. Ho la massima fiducia in voi e vi sosterrò in ogni occasione, ma dovete cercare di spiegarmi perché non venga compiuto alcun movimento avvolgente.

Alexander rispose:

Rispondo al vostro telegramma del 20 marzo. Lungo tutto il fronte principale, dall'Adriatico alla costa tirrenica, soltanto la vallata del Liri porta direttamente a Roma e offre un terreno adatto allo spiegamento della nostra superiorità in fatto di artiglieria e di mezzi corazzati. La grande strada denominata ufficialmente *strada statale n. 6* [la Casilina, ndA] è la sola, ove si eccettuino le strade carrozzabili, che dalle montagne dove ci troviamo si addentra nella valle del Liri, superando il fiume Rapido. Lo sbocco nella pianura è dominato dal monte Cassino, su cui sorge il monastero. Ripetuti tentativi sono stati compiuti per aggirare il colle dell'Abbazia da nord, ma sono tutti falliti a causa dei profondi burroni, delle scarpate rocciose e delle creste affilate che consentono la manovra soltanto a reparti relativamente piccoli di fanteria, i quali possono essere riforniti solo a mezzo di portatori e, ma in misura limitata, di muli nei tratti dove siamo riusciti, con grandi difficoltà, a costituire qualche mulattiera. Inoltre, il colle dell'Abbazia è isolato quasi completamente sul versante nord da un burrone così scosceso e profondo che sinora non si è riusciti ad attraversarlo. Un movimento aggirante a raggio più largo è anche più difficile, per il fatto che in tal caso si dovrebbe superare il monte Cairo, dai fianchi ripidissimi e ora per giunta coperto da una spessa coltre di neve. Gli americani tentarono di aggirare il bastione di Cassino da sud, mediante un attacco oltre il Rapido, ma esso, come già sapete, fallì con gravi perdite per la 34ª e la 36ª Divisione. Il Rapido è difficile da attraversare a valle di Cassino, dove il terreno è soffice, anzi in questa stagione paludoso per via delle inondazioni, ciò aumenta le difficoltà della costruzione di ponti, data la mancanza di strade lungo le quali far affluire materiali da costruzione e a causa delle munitissime posizioni nemiche in lontananza sulla riva destra. Per di più la traversata del Rapido a sud di Cassino, come già è stato provato dai fatti, va compiuta sotto il potentissimo tiro d'infilata dell'artiglieria nemica in postazione ai piedi delle montagne immediatamente a nord o a ovest di Cassino o anche sulle colline a sud della valle del Liri.

Con la sua offensiva, Freyberg voleva attaccare direttamente questo bastione; il successo di essa dipendeva dalla possibilità di aver ragione della resistenza nemica con la sorpresa e con un concentramento schiacciante di potenza di fuoco. Il piano prevedeva la rapida occupazione di Cassino, l'aggiramento successivo dei fianchi orientale e meridionale del colle dell'Abbazia e infine la conquista del bastione con un assalto lanciato da una direzione lungo la quale l'artiglieria nemica non potesse seriamente ostacolare i nostri movimenti. Il tentativo riuscì quasi completamente nella fase iniziale, con perdite trascurabili. Costituimmo, e ancora manteniamo, due teste di ponte oltre il Rapido, una sulla strada n. 6 e l'altra oltre il ponte della ferrovia; entrambi i ponti sono adatti al passaggio dei carri armati. I Gurkha si portarono contemporaneamente, e ancora si trovano, a duecento o trecento metri dall'Abbazia. Il fatto di non esser riusciti a conseguire l'obiettivo nelle prime 48 ore può essere brevemente spiegato con le osservazioni seguenti.

I danni arrecati alle strade di Cassino dai bombardamenti furono così imponenti che ne risultò gravemente ostacolato l'impiego dei carri armati e di ogni altro automezzo da combattimento. La tenacia dei paracadutisti tedeschi è davvero eccezionale, ove si consideri che sono stati sottoposti al più grande concentramento di fuoco mai prima attuato, per ben sei ore, a opera dell'intera aviazione del Mediterraneo e di gran parte dei nostri 800 pezzi d'artiglieria.

Stento a credere che vi siano altre truppe al mondo che avrebbero potuto resistere a tale tempesta di fuoco e poi passare all'attacco con la ferocia da essi dimostrata. Mi incontrerò domani con Freyberg e i comandanti di corpo d'armata per discutere la situazione. Qualora desistessimo dall'attaccare, dovremmo pur sempre difendere i due ponti sul Rapido e rettificare le nostre posizioni in modo da poter tenere i vantaggiosi capisaldi strategici già in nostro possesso. Il progetto dell'8ª Armata di irrompere in forze nella vallata del Liri verrà effettuato non appena sia terminato il raggruppamento. Il piano deve contemplare un attacco su un fronte più vasto e con forze più ingenti di quelle che Freyberg ha potuto concentrare per questa operazione. Un po' più tardi, quando la neve si sarà sciolta sui monti, i fiumi si saranno sgonfiati e il suolo si sarà rassodato, potremo muoverci sopra un terreno che attualmente è impraticabile[51].

Nella *Storia della seconda Guerra Mondiale* Churchill riassume gli eventi della seconda battaglia di Cassino nel modo seguente:

Dopo un imponente bombardamento, nel quale furono lanciate quasi 1000 tonnellate di bombe e 1200 tonnellate di proiettili, la nostra fanteria passò all'attacco.

Mi sembrava inconcepibile dichiarò Alexander *che dei soldati potessero rimanere vivi dopo un simile terribile martellamento durato per otto ore*[52].

Ma in realtà molti rimasero vivi. La divisione tedesca di paracadutisti, probabilmente la migliore unità di tutto l'esercito germanico, combatté disperatamente tra mucchi di macerie contro neozelandesi e indiani.

Al cader della notte la maggior parte della cittadina era nelle nostre mani, mentre la 4ª divisione indiana, avanzando da nord, aveva fatto ugualmente buoni progressi, tanto che il giorno successivo si trovava ad aver percorso i due terzi del tratto che la separava dal colle dell'abbazia.

A questo punto le sorti della battaglia ci si volsero contro. I nostri carri armati non potevano attraversare gli ampi crateri scavati dalle bombe e tener dietro alla fanteria che attaccava; quasi due giorni trascorsero prima che potessero prestare man forte. Intanto il nemico aveva fatto affluire rinforzi e il tempo si era volto al brutto con tempeste e piogge. I nostri attacchi guadagnarono terreno, ma il successo iniziale non si ripeté; e il nemico poté resistere alla durissima lotta. La battaglia tra le rovine di Cassino continuò sino al 23 marzo, con aspri attacchi e non meno aspri contrattacchi.

Il 22 Juin annotava:

I tedeschi continuano a difendersi con costante tenacia fra le rovine della città e non perdono un'occasione per sferrare dei contrattacchi. Ogni singola casa deve essere

---

[51]Cit. in ibid., p. 124 segg.

[52]Il riferimento è al telegramma più sopra citato.

espugnata, e in questo genere di combattimento, con le posizioni tedesche ed alleate concatenate fra di loro e i neozelandesi che stentano a ricevere rinforzi, i tedeschi, e soprattutto i paracadutisti, sono tutt'altro che impacciati. Questa ostinata e anche sorprendente resistenza, confonde il Comando Superiore alleato. Il Generale Clark, che mi convocò ieri 21 al suo Comando, è preoccupato e nervoso. La situazione è tutt'altro che semplice.

Il 23 marzo Kesselring si recò a Cassino per rendersi conto personalmente di quanto avvenuto nei giorni precedenti; lo stesso giorno a Roma avvenne l'attentato terroristico di via Rasella di cui il Feldmaresciallo venne informato al suo rientro al Quartier Generale di Monte Soratte[53].
Terminava così la terza fase della battaglia di Cassino, durante la quale i tedeschi avevano sì subito ingenti perdite, ma avevano anche dimostrato che la fanteria, se ben addestrata e armata e favorita dal terreno, era capace di resistere anche all'attacco di preponderanti unità corazzate.
Il Corpo neozelandese aveva subito da parte sua la perdita di 4000 uomini e venne sciolto. Le perdite della 5ª Armata, dall'inizio dell'anno ammontavano complessivamente a oltre 52.000 unità, di cui 30.000 soltanto nei combattimenti sulla Linea *Gustav*. Al posto dei neozelandesi giunsero in linea la 78a divisione britannica, che sostituì gli indiani della 4a divisione e la 1a brigata Guardie della 6a divisione corazzata appena giunta dal Nord Africa, che prese in consegna dagli stessi neozelandesi le rovine della città.
Il primo aprile l'OKW emise il seguente bollettino di guerra.

La pressione nemica contro la parte est di Cassino ha avuto un improvviso calo.
Truppe d'assalto hanno spazzato via sacche di resistenza nemiche e posti di comando; munizioni ammassate sono state sottoposte al tiro della nostra artiglieria.

---

[53]Colloredo, cit., pp.97 segg.

La resistenza dei tedeschi a Cassino nella propaganda della R.S.I.: copertina di Walter Molino apparsa sulla *Domenica del Corriere* del 2 aprile 1944. Molino ha disegnato generici soldati di fanteria al posto dei *Fallschirmjäger*.

5.

OPERATION DIADEM:
LA QUARTA BATTAGLIA DI CASSINO E LO SFONDAMENTO DELLA
LINEA *GUSTAV*

Czerwone maki na Monte Cassino
Zamiast rosy piły polską krew.
Po tych makach szedł żołnierz i ginął,
Lecz od śmierci silniejszy był gniew.
Przejdą lata i wieki przeminą.
Pozostaną ślady dawnych dni
I wszystkie maki na Monte Cassino
Czerwieńsze będą, bo z polskiej wzrosną krwi[54].

(*Czerwone Maki na Monte Cassino*, maggio 1944).

A questo punto Alexander consentì a Freyberg di trasferire l'8ª Armata nel settore di Cassino per l'offensiva finale.

Il compito più difficile fu assegnato al II° Corpo d'Armata polacco unitosi alla battaglia sotto la guida del generale Anders.

Władislaw Anders era nato a Blonie, in Polonia (all'epoca parte dell'Impero russo), l'11 agosto 1892. Allo scoppio della Prima guerra mondiale divenne sottufficiale dell'esercito russo e frequentò l'Accademia a Pietroburgo sino al 1917. Durante la guerra polaccosovietica del 1919-'21, al comando del 15° reggimento Lancieri si scontrò con l'Armata Rossa e ricevette numerose decorazioni. Nel settembre 1939, da comandante di una brigata di cavalleria, combatté contro i tedeschi e poi contro i sovietici quando questi invasero la Polonia orientale. Ferito tre volte, fu fatto prigioniero e incarcerato a Leopoli e alla Lubjanka di Mosca, dove fu torturato. In seguito all'invasione tedesca dell'URSS, fu riabilitato e

---

[54]Papaveri rossi di Monte Cassino,
invece di rugiada hanno bevuto sangue polacco.
tra questi papaveri ha camminato ed è morto un soldato,
ma più forte della morte è la sua furia.
Passano gli anni, passeranno i secoli,
resteranno le tracce dei giorni passati,
e tutti i papaveri di Monte Cassino
saranno rossi perché cresciuti
nel sangue polacco.

posto a capo di un'armata polacca per combattere contro la Germania. L'opera di Anders a fianco degli alleati raggiunse il culmine con l'organizzazione del II Corpo d'armata polacco che operò ai suoi ordini in Medio Oriente e in Italia, segnalandosi nella battaglia decisiva di Montecassino.

Finita la guerra, privato della cittadinanza polacca dal regime fantoccio comunista, riparò a Londra, dove fu componente di spicco del Governo polacco in esilio. Morì nella capitale inglese il 12 maggio 1970 e fu sepolto, secondo la sua volontà, nel cimitero polacco di Montecassino. Nel 1989, caduta la dittatura comunista, la Polonia gli restituì postumamente la cittadinanza polacca e il grado.

La partecipazione dei soldati polacchi alla battaglia di Montecassino assunse molto rapidamente per i polacchi una dimensione simbolica. Il II° Corpo d'Armata polacco fu trasferito in Italia a cavallo tra il 1943 e il 1944. Nei porti di Bari e Taranto sbarcarono circa 44 000 persone, 580 reparti e 11 800 veicoli. Il Corpo d'Armata fu formalmente annesso alla 8ª Armata Britannica.Inizialmente i compiti del II° Corpo in Italia si limitarono ad azioni di difesa nell'Appennino Centrale.

Alla fine di marzo 1944 i soldati del II° Corpo si trovavano ai piedi dei Monti Aurunci.

Il 24 marzo, infatti, il generale Anders con il colonnello Wisniowski s'incontrarono con il generale Leese comandante dell'8ª armata per predisporre l'attacco che ci sarebbe stato in primavera.

L'8ª armata avrebbe dovuto forzare il Rapido e conquistare il Monastero, dopodiché la 5ª armata si sarebbe unita all'8ª per mettersi in contatto con la testa di ponte alleata ad Anzio e giungere a Roma nel più breve tempo possibile.

Il generale Anders ebbe solo dieci minuti per prendere una decisione.

Consapevole che la vittoria avrebbe potuto aiutare la causa polacca e mettere a tacere la propaganda sovietica, secondo la quale i polacchi erano fuggiti dall'URSS per evitare di combattere, accettò la proposta[55]. Come risultato il corpo più piccolo dell'8ª Armata ricevette il compito più difficile: la conquista prima di Montecassino, e poi di Piedimonte.

Il compito era reso ancora più arduo dal fatto che, come tutte le altre unità delle Forze Armate polacche in Occidente,il II° Corpo aveva una carenza permanente di soldati. Una delle soluzioni di questo problema fu l'arruolamento nell'esercito polacco di ex soldati della *Wehrmacht*: polacchi della Slesia o della Pomerania, arruolati a forza nell'esercito tedesco.

Ad aprile 1944 il II° Corpo fu rinforzato dalla 1ª Compagnia Autonoma Commando,guidata dal maggiore Władysław Smrokowski che venne inserita nel II Corpo come reparto speciale, a disposizione del generale Anders.Tale Compagnia era stata la prima unità polacca ad arrivare in Italia, e alla fine del 1943, inquadrata nella 2nd *Special Services brigade* britannica, aveva combattuto a Capracotta sul fiume Sangro.

---

[55]Instytut Pamięci Narodowej- Istituto per la Memoria Nazionale, *Battaglia di Montecassino 1944*, Warszawa 2014 , p. 23.

Quale fosse loi spirito combattivo dei polacchi è ben espresso dalla canzone nata in quei giorni, *Czerwone Maki na Monte Cassino*, *I rossi papaveri di Monte Cassino*, destinata a diventare l'inno non ufficiale del II° Corpo- e destinata ad essere proibita dal regime comunista:

Czy widzisz te gruzy na szczycie?
Tam wróg twój się ukrył jak szczur.
Musicie, musicie, musicie
Za kark wziąć i strącić go z chmur.
I poszli szaleni zażarci,
I poszli zabijać i mścić,
I poszli jak zawsze uparci,
Jak zawsze za honor się bić.

Vedi le macerie sulla cima?
Lì il nemico si nasconde come un topo.
Bisogna, bisogna, bisogna
prenderlo per il collo e gettarlo giù dalle nubi.
E vennero feroci e folli
E vennero per uccidere e per vendicare
E vennero eroici come sempre,
Come sempre a combattere per l'onore.

Il fronte che andava da Gaeta a Cassino vedeva schierate 17 divisioni, nove delle quali con l'8ª armata guidata dal generale Leese ed otto con la 5ª armata di Clark.

Al II° Corpo d'armata polacco fu affidato il compito di procedere all'assalto di Montecassino.

La terza fase della battaglia di Cassino, che si svolse nel mese di maggio col favore delle migliorate condizioni climatiche primaverili, ebbe come premessa una serie di attività il cui intento era quello di far credere ai tedeschi che le forze alleate avrebbero sospeso ogni tentativo di sfondare la linea *Gustav*, in favore di un'azione di sbarco nel settore di Civitavecchia.

Certo del fatto che la vittoria a Cassino avrebbe posto termine alla campagna d'Italia e permesso l'annientamento finale delle truppe di Kesselring, Alexander emise un ordine del giorno colmo di bombastica sicurezza, quantomeno prematura:

Stiamo per distruggere le armate tedesche in Italia. La lotta sarà aspra e accanita, forse lunga, ma voi siete combattenti e soldati di alta classe che per oltre un anno avete conosciuto solo vittorie. Avete coraggio, risolutezza e capacità. Sarete appoggiati da schiaccianti forze aeree; riguardo a cannoni e carri armati siamo superiori ai tedeschi. Prima d'ora nessun esercito è mai sceso in battaglia per una causa più giusta. Così, con l'aiuto e la benedizione di Dio, confidiamo nella vittoria.

La punta di lancia dell'assalto sarebbe stata costituita come detto dal II° Corpo polacco, che aveva alla sua sinistra il XIII° Corpo britannico pronto ad avanzare lungo la Casilina.

Ancora più a sinistra era schierata la 5a Armata statunitense, che inquadrava anche il Corpo di Spedizione Francese di Juin, che aveva l'incarico di avanzare lungo la strada statale n.7 Appia.

Disprezzati dagli americani, che li consideravano truppe di qualità scadente, e certo rimasti famosi soprattutto per aver sempre lasciato dietro di loro una scia di crudeltà e sofferenze, i coloniali francesi in realtà si dimostrarono combattenti di grandi capacità e coraggio fuori dal comune. Scrive Fred Majdalany:

Agiscono come una marea su una fila di castelli di sabbia. Sono capaci di spingersi ad ondate su un massiccio montano dove truppe regolari non riuscirebbero mai a passare. Attaccano in silenzio qualsiasi avversario si presenti, lo distruggono e tirano via senza occuparsi di quel che accade a destra o a sinistra. Hanno l'abitudine di riportarsi indietro la prova delle vittime uccise; perciò sono nemici con cui non è piacevole aver a che fare.

Gli Alleati schierarono circa 1.600 pezzi di artiglieria e 3.000 aerei.

Contro queste forze Kesselring e Senger disponevano solamente di quattro divisioni incomplete e fortemente logorate dai continui combattimenti, né era possibile sottrarre truppe dal settore di Anzio e Nettuno.

Il piano di operazioni alleato era il seguente:

l'8a Armata avrebbe dovuto fare irruzione in direzione della valle del Liri e proseguire lo sforzo offensivo a cavallo della via Casilina, mentre alla sua sinistra la 5a Armata si sarebbe spinta in direzione di Roma, seguendo il percorso della via Appia. Al momento buono il comando alleato avrebbe ordinato alle divisioni ferme ad Anzio, di irrompere fuori della testa di sbarco, tagliando così la ritirata dei tedeschi.

L'assalto del settore centrale, in direzione dell'abbazia di Montecassino, era affidato al II Corpo di Spedizione Polacco, costituito dalle divisioni *Karpathia* e *Kresowa*. Più a sud erano schierate le unità del Corpo di Spedizione Francese di Juin.

Sulla costa tirrenica l'attacco era affidato alla 85a ed 88a divisione statunitensi mentre, di fronte a Cassino, la 4a divisione britannica e la 8a indiana avevano il compito di attraversare il fiume Rapido, proprio dove dove a gennaio la 36a US *Division Texas* aveva subito una durissima sconfitta.

Le operazioni di spostamento dell'8ª armata avvennero nottetempo. Il Corpo d'armata polacco, stanziato dietro Montecassino, ebbe l'ordine di osservare il silenzio radio; le divisioni britanniche che avrebbero dovuto forzare il Rapido e il Gari si esercitarono all'attraversamento dal fiume dietro la linea del fronte ed i lavori per l'attraversamento furono realizzati nottetempo per essere mimetizzati durante il giorno.

Le divisioni marocchine, nel frattempo, avanzarono verso gli Aurunci e si spinsero fino a monte Maio. Le divisioni indiana e britannica passarono il fiume Rapido a sud di Cassino e si trincerarono sulla sponda opposta.

La giornata dell'11 maggio trascorse assolutamente calma: ma alle 23 quasi mille cannoni alleati iniziarono un martellante bombardamento di artiglieria sulle linee tedesche che si estese da Cassino fino al Mar Tirreno, che durò circa un'ora. Era l'inizio dell'*Operation Diadem*, la quarta e ultima battaglia per la Linea *Gustav*.

Alle ore 1.00 del 12 anche i soldati polacchi avviarono il loro attacco cercando di raggiungere quota 517, conosciuta come *dorsale del fantasma – Widmo* in polacco.

Mosse all'assalto la 3ª divisione fucilieri *Karpathia*, che conquistò la quota 593 di monte Calvario, mentre l'attacco alla masseria Albaneta non ebbe buon esito nonostante le gravi perdite, e i polacchi vennero respinti dai *Fallschirmjäger*.

Un comandante di plotone polacco, il tenente Edward Rynkiewicz, scrisse nel suo diario:

Le armi tedesche ci hanno spazzato in modo così efficace che eravamo costretti a gettarci stanchi e strisciare intorno a cercare coperture, praticamente inesistenti, poiché tutti i grandi massi erano stati soffiati a pezzi dalla nostra artiglieria. Mentre cercavamo un nascondiglio, i difensori di Montecassino ci hanno colpiti con tutto quello che avevano. Sembra impossibile che gli uomini possano vivere in un tale olocausto. Respirando una preghiera, ho tentato con prudenza di affacciarmi verso l'apertura di una grotta. Era piena di corpi, che si fronteggiavano tra loro. La maggior parte di loro erano senza vita. I difensori erano così abilmente nascosti e così abili a sparare che anche la più breve esposizione allo scoperto avrebbe significato per noi una morte o una ferita grave. Non sapevamo più dove sparare o chi mirare.

Sulla quota 593 si trovava il I° battaglione del 3.FJR, comandato dal maggiore Rudolf Böhmler, lo stesso che dopo la guerra scriverà un ottimo libro su Cassino da noi più volte citato, con l'incarico di difendere Monte Calvario.

Ben presto il battaglione però venne a trovarsi sotto i ripetuti attacchi dei polacchi della *Karpathia*: ci furono feroci scontri corpo a corpo, sempre sotto il bombardamento di artiglieria e gli attacchi aerei.

La prima compagnia di Böhmler fu infine sopraffatta sulla sommità del monte dalle truppe polacche. Questo cedimento minacciava seriamente le posizioni tedesche sull'abbazia. Per riconquistare l'altura il I° e il II° battaglione del 3. FJR sferrarono invano quattro contrattacchi.

Finalmente la sera del 12 maggio, una pattuglia guidata dal sergente maggiore Schmidt riuscì a respingere i polacchi giù dal monte che fu quindi saldamente mantenuto dai *Fallschirmjäger*.

Nonostante i continui, violentissimi attacchi aerei i *Fallschirmjäger* riuscirono a rioccupare monte Calvario e polacchi ripiegarono con gravi perdite.

Anche le operazioni intraprese dalle due divisioni americane di fronte a Minturno non ottenevano alcun risultato di rilievo, mentre nella valle del Liri le unità impegnate riuscivano con grandi sforzi a guadare il fiume Rapido.

Al termine del primo giorno della terza battaglia di Cassino solo il generale Juin poteva asserire di aver riportato un successo significativo: l'avanzata delle truppe coloniali francesi in direzione dei monti Aurunci, otteneva subito un rapido, quanto inatteso successo.

Di fronte al CEF era schierata la 71. *Infanteriedivision*, supportata da tre battaglioni della 44. *Hoch un Deutschmeister*, i vecchi avversari di monte Belvedere, e fiancheggiata dalla 94. *Infanteriedivision* che presidiava le posizioni del settore costiero fino a Scauri.

I tedeschi, che avevano considerato il settore montano un terreno troppo difficile per consentire un'avanzata in grande stile, non presidiavano in forze tale zona e le unità germaniche presenti vennero sorprese dallo slancio offensivo della 4a divisione di montagna marocchina in direzione di Castelforte ed in particolare della 2a, che assaltò il monte Maio, e subirono immediatamente forti perdite. L'assalto violento e deciso delle unità di Juin venne subito rivolto verso gli aspri pendii del monte Maio e del monte Petrella, che si ergevano a guardia della breccia di Ausonia, da dove si poteva accedere a Pontecorvo e quindi, superando circa 20 chilometri di brulle montagne, raggiungere la strada Pico- Itri- Fondi che separava i monti Aurunci dagli Ausoni. Quello era l'obiettivo assegnato alle truppe del *Corps expéditionnaire français* che si lanciarono in direzione del varco di Ausonia, per poi premere in direzione di Esperia e di monte d'Oro, una ripida altura che domina dall'alto il piccolo centro e la stessa Pontecorvo, caposaldo della successiva linea difensiva, la *Dora*, denominata *Hitler* dalla propaganda alleata.

Monte Faito e la collina di Cerasola furono occupate lo stesso 11 maggio ed il giorno successivo aspri scontri si svilupparono tra i marocchini ed un battaglione del 15. *Panzergrenadier- Regiment,* che contrattaccava le truppe coloniali impegnate ad assalire monte Feuci. Malgrado questa azione il giorno successivo la 2a divisione marocchina al comando del generale Dody, occupava monte Girafano e monte Feuci, attestandosi solidamente sul Maio nel pomeriggio: la chiave dell'intero settore era caduta nelle loro mani.

Grazie alla conquista di queste alture, al loro fianco la divisione motorizzata fece rapidi progressi e per la mezzanotte del 13 maggio aveva rastrellato le rive occidentali del Garigliano fino a Sant'Apollinare, prendendo molti prigionieri. Sulla sinistra la 4a divisione da montagna incontrava un vivace fuoco di mortai e mitragliatrici davanti a Castelforte, ma la guarnigione dopo i primi scontri cedette la città la notte del 12 maggio; il giorno successivo l'attacco venne portato in direzione delle alture di monte Rotondo e monte Ceschito che dominano la strada per Coreno ed il 14 maggio veniva occupata Ausonia.

Nel settore costiero intanto la 94a divisione di fanteria tedesca cominciava a cedere terreno sotto l'incalzare degli assalti della 85a divisione americana, mentre al suo fianco la 88a aveva preso Santa Maria Infante ed avanzava verso Spigno. La 5a Armata era riuscita a sfondare le difese e che entrambe le unità tedesche impegnate avevano subito gravi perdite: la 71. *InfDiv.* era oramai incapace di una resistenza coordinata: le sue truppe si ritiravano verso il Liri, come pure la 94 che, duramente provata, si trovò sempre più sospinta attraverso le montagne e verso Itri[56].

La sera del 14 maggio del 1944 partì l'attacco decisivo del CEF: centinaia e centinaia di cannoni diedero inizio ad un progressivo bombardamento e presto i reparti d'assalto "marocchini" come venivano classificati genericamente i coloniali francesi- ma vi erano anche tunisini, algerini e legionari della XIIIe *Demibrigade*- cominciarono l'avanzata.

I francesi, attraversando un terreno nei monti Aurunci ritenuto virtualmente insuperabile, travolsero gli reparti germanici e riuscirono ad aggirare la rocca di Cassino e le altre linee difensive situate nell'adiacente Valle del Liri, strenuamente difese dal 200. *Panzergrenadier- Regiment* e dai fanti tedeschi, sfondando infine la linea *Gustav* e aprendo così ai mezzi corazzati del XIII° Corpo britannico la via per Frosinone e a tutto l'esercito alleato la strada per Roma. Come scrive Giovanni De Luna,

Nei furibondi combattimenti che si accesero sulla "linea Gustav", i francesi riuscirono a riconquistare la stima degli angloamericani, facendo dimenticare l'ignavia della capitolazione del giugno del 1940, il collaborazionismo di Vichy, le ambiguità di Giraud e delle truppe rimaste nell'Africa del Nord[57].

Ecco come una corrispondenza del giornale del NSDAP *Völkischer Beobachter* descrive i combattimenti:

Da lunedì, sul fronte meridionale italiano, Britannici e Americani proseguono nei loro attacchi con largo impiego di fanteria, corazzati, artiglieria e forze aeree, ma l'accanita resistenza delle nostre truppe impedisce ancora al nemico di operare una breccia, specialmente nella valle del Liri. I principali attacchi si sono avuti a ovest di Minturno, nella zona di Spigno-Castelnuovo, come in quella tra il Liri e Cassino.
Al centro del settore d'attacco del nemico, che va dalla costa sino alla zona di Cassino, le forze nemiche stanno esercitando una forte pressione dopo che le nostre truppe si sono sganciate. Le loro unità in avanguardia, avanzando lentamente e con considerevoli perdite, hanno raggiunto le zone a ovest dell'abitato di Castelnuovo dove i nostri Grranatieri hanno sferrato un contrattacco che ha imposto loro un deciso alt.
Dopo l'inserimento di notevoli rinforzi, lunedì pomeriggio, tra Liri e Cassino, il nemico ha lanciato il suo attacco principale preceduto da un fuoco d'artiglieria molto intenso per preparare la penetrazione della fanteria e delle unità corazzate avanzanti nella zona di Sant'Angelo. Ma all'assalto, effettuato in diverse ondate dirette su differenti punti d'attacco, fu negato il successo. A sud di Pignataro l'attacco crollò repentinamente sotto il fuoco dei nostri cannoni e dei nostri mortai; il nemico, che si era momentaneamente addentrato nell'abitato e si stava spingendo verso nord, fu cacciato da Pignataro da un vigoroso contrattacco.

---

[56]http://www.dalvolturnoacassino.it/asp/le-battaglie-per-cassino-quarta-battaglia.asp
[57]Cit. in http://www.lundici.it/2016/02/quando-arrivarono-i-marocchini/

A nord-ovest di S. Angelo, dove il nemico è riuscito a penetrare in alcuni punti, le sue forze sono state tagliate fuori dai nostri Granatieri, genieri e paracadutisti, nonché dal fuoco di sbarramento delle armi pesanti. Questi nuovi attacchi, che costano ai Britannici elevate perdite in uomini e carri armati, non hanno conseguito successo. Senza diminuire di violenza, gli aspri combattimenti sono continuati tutta la notte[58]

I tedeschi potevano inviare solo limitati rinforzi verso la prima linea; le condizioni meteorologie favorevoli permettevano ai cacciabombardieri alleati di intercettare le colonne di veicoli tedeschi e di colpirle duramente.

Il 13 maggio maggio Kesselring cercò di guadagnare tempo ritardando la caduta di Cassino per consentire alle unità minacciate di ritirarsi occupando la seconda linea di difesa, la linea *Dora*, chiamata dagli alleati *linea Hitler*; ma le forze coloniali francesi occuparono Sant'Andrea sul Garigliano e la fanteria coloniale marocchina giunse al Liri. Il 14 maggio la fanteria marocchina si spinse fino a S. Giorgio, mentre quella algerina occupò Castelforte. Venne così realizzato l'assalto dalle montagne ed i *Goums* valicarono i monti Aurunci senza incontrare grosse resistenze.

Juin poté ora realizzare quello che aveva pensato fin dal gennaio del 1944: attaccare Cassino dalla via Casilina attraverso i monti Aurunci, aprendo una breccia nella linea *Gustav* attraverso monte Petrella (1533 m); a sud il II° Corpo d'armata americano, dopo pesanti scontri, riuscì a conquistare solo l'abitato di S. Maria Infante. Da parte loro gli indiani dopo aver gettato un ponte galleggiante sul Rapido, riuscirono a prendere Sant'Angelo, mentre la 4a Divisione indiana conquistò la città di Pignataro, ed i francesi giunsero fino a monte Petrella e monte Revole.

Il 15 maggio Augustin Guillaume, comandante del *Groupement des tabors marocains*, conquistò monte Revole, un'altura di 1200 metri al centro di montagne rocciose inaccessibili e, presa Ceschito, si diresse ad ovest di Ausonia verso monte Fammera che venne occupato lo stesso giorno. Marciando per tutta la notte su un terreno difficilissimo ed impervio, alle ore 6 del 16 maggio la colonna di testa raggiungeva monte Revole e metteva in posizione una batteria di cannoni, mentre il 17 i *Goums* venivano rinforzati con un battaglione di cannoni da montagna. Il fronte occupato raggiungeva ora i 12 chilometri ed era a soli 3 chilometri dalla strada Itri-Pico, tra Serra del Lago e monte Calvo.

Lo stesso giorno 17 un battaglione del 15° Panzer Grenadieren si era avvicinato, marciando in colonna verso monte Revole: lo stesso Guillaume studiò un "cappio" e la colonna nemica fù completamente distrutta, chiusa su due lati dai francesi e colpita dall'artiglieria. Il suo comandante, caduto prigioniero, ammise che i suoi superiori non si aspettavano attacchi alleati in quel settore per altri 3-4 giorni. La notte seguente fu occupato con un attacco a sorpresa monte Le Pezze, a 5 chilometri a nord di Itri e nel tentativo di riconquistare la quota che dominava la strada, i tedeschi attaccarono con un battaglione di Panzer Grenadieren che però fu respinto con un preciso fuoco di artiglie-

---

[58]Cit. in ibid, p. 139.

ria. Più a nord le altre formazioni del Corpo di Spedizione Francese ed un raggruppamento di *Goumiers*, nel tentativo di sfondare tra Castelnuovo e San Giorgio a Liri, si scontravano con elementi della 90a divisione Panzer Grenadieren. Il 17 maggio Sant'Oliva ed Esperia venivano occupate e la 3a divisione algerina, rafforzata dalla 1a motorizzata, si impadroniva di monte d'Oro, raggiungendo un punto a circa 7 chilometri da Pico[59].

Per le popolazioni locali con l'arrivo dei *Goumiers* stava per iniziare un incubo, che sarebbe stato mascherato sotto la parola *liberazione*.

Da parte di certa pubblicistica è stato affermato che due battaglioni della G.N.R. abbiano attivamente partecipato ai combattimenti che precedettero la conquista francese di Esperia.

Come nota A. Turinetti di Priero però in nessuna delle fonti storiche francesi e tedesche, si fa il benché minimo accenno a reparti italiani presenti in quella zona ed in quei giorni.

Le uniche tracce, peraltro molto frammentarie, della presenza di militi della G.N.R. nelle retrovie del fronte di Cassino sono contenute nella memorialistica locale, dove talvolta viene segnalata la partecipazione di "militi in camicia nera" nelle operazioni di sgombero forzato della popolazione civile.

Reparti della R.S.I., ma in zone molto più lontane dal fronte, hanno invece partecipato ad operazioni di rastrellamento, tese alla cattura degli ex prigionieri alleati e dei civili che li proteggevano e nascondevano[60].

L'opinione pubblica delle due parti e dei paesi neutrali seguiva col massimo interesse le operazioni belliche lungo il corso del Liri- Garigliano. Se i tedeschi, come sempre avviene nelle sconfitte, tendevano a sottolineare l'eroismo dei difensori, la stampa alleata descriveva in termini enfatici l'avanzata delle truppe di Alexander, rincuorando il fronte interno dopo l'attesa e la delusione di tanti mesi.

Il quotidiano nazionalsocialista *Völkischer Beobachter* sottolineava il valore dei soldati tedeschi, facendoli apparire quasi come dei vincitori:

I brevi ma violenti bombardamenti di artiglieria sono stati seguiti da attacchi in forza di carri armati e di fanteria, ma che subito crollano di fronte alla tenace resistenza tedesca.

Episodi di valore con protagonisti i *Fallschirmjäger* vennero segnalati anche nel bollettino dell'OKW:

Il caporale Albert Bruckner, di una compagnia paracadutisti controcarri, in 24 ore ha posto fuori combattimento sei carri armati nemici.

Bruckner sopravvisse alla guerra, e così ricostrì l'azione in un'intervista del

---

[59]http://www.dalvolturnoacassino.it/asp/le-battaglie-per-cassino-quarta-battaglia.asp
[60]A. Turinetti di Priero, "I caduti della R.S.I. tra dubbi e incertezze",
http://www.dalvolturnoacassino.it/asp/doc.asp?id=239

2015:

...I carri alleati vennero lungo la via Casilina. Erano sei carri che cercarono di compiere un movimento aggirante, ma quell'attacco venne fermato. Prima colpimmo il carro di testa, poi l'ultimo, e quindi finimmo gli altri[61].

Sull'altra sponda della Manica, l'agenzia britannica *Reuter* riportava i primi, modesti guadagni territoriali:

Le truppe indiane che avevano occupato S. Angelo ieri hanno effettuato un'ulteriore penetrazione all'interno della Linea *Gustav*.

Il *Times* a sua volta scriveva a proposito dello sfondamento della *Gustav*:

Ulteriori progressi sono stati conseguiti dalle armate alleate in Italia nella loro offensiva contro la Linea Gustav. Nella valle del Liri, truppe dell'8ª Armata sono penetrate in profondità nelle difese, superando in molti punti un'accanita resistenza, e hanno rastrellato i capisaldi nemici che erano stati superati dall'attacco nelle prime 24 ore. Truppe francesi della 5ª Armata, dopo aver catturato la montagna che dominava la zona, Monte Maio, un importante bastione della difesa nemica, hanno con prontezza sfruttato il successo. Spingendosi in avanti con fanteria e carri armati, hanno catturato diverse alture e i villaggi di Sant'Ambrogio, Vallemaio e Ausonia. È stata così operata un'ampia breccia nella Linea *Gustav*.

Il 16 maggio i polacchi della *Kresowa* conquistarono il pendio meridionale del *Widmo*; il giorno seguente i polacchi attaccarono colle Sant'Angelo e monte Calvario, ma furono ancora una volta respinti, con gravi perdite, dai paracadutisti tedeschi.

In contrasto con i comunicati alleati- scrive il maggiore Böhmler- c'è da osservare che né il Colle S. Angelo né il Monte Calvario né la cresta del "Fantasma" furono conquistati dai polacchi. I soldati di Anders misero piede su queste alture intrise di sangue soltanto dopo la ritirata della Divisione Heidrich, dovuta al nuovo assetto dell'intero fronte della 10ª Armata. I portaordini tedeschi che la sera del 17 portarono in linea l'ordine di ritirata non trovarono che miseri resti delle loro Compagnie.
Le perdite dei tedeschi e soprattutto quelle del I Battaglione del 3° Reggimento paracadutisti[62] erano state eccezionalmente ingenti. Della 1ª Compagnia, che si era trovata per ben sei giorni nel punto cruciale della battaglia per il Monte Calvario, erano sopravvissuti soltanto un ufficiale, un sottufficiale e un soldato. E così nella notte del 18 maggio i paracadutisti sgombrarono, con il cuore pesante, la posizione di Cassino, nella quale era stato versato tanto sangue, ma dove avevano anche combattuto in modo così accanito.

---

[61] *War Memories from Monte Cassino. The Veterans recalls*, dvd di interviste ai reduci prodotto da Kimichael Filmproduction .
 Un estratto è visionabile su: https://www.youtube.com/watch?v=zBdNb6yhGIk La testimonianza di Bruckner è al minuto 9.20.
[62] Battaglione comandato dallo stesso Böhmler, come si è detto, ndA.

Per tre mesi avevano respinto tutti gli attacchi sferrati da forze superiori, attirando su questo campo di battaglia l'attenzione di tutto il mondo. Cassino era diventata un simbolo. E ora invece, senza essere stati sconfitti, dovevano sgattaiolare via di notte, protetti dalla nebbia. Era molto doloroso.

Il colonnello Ludwig Heilmann nel suo già citato articolo del 1952 così riassume le vicende del suo reggimento, il 3. FJR, nei combattimenti di maggio:

In questa seconda battaglia di Cassino [per i tedeschi, terza per gli Alleati, ndA], gli Alleati avevano tentato di sfondare mediante un attacco concentrato su fronte ristretto. Con la distruzione della città si erano procurati un ostacolo anticarro e colpivano inoltre su di una truppa che non era affatto demoralizzata. Si doveva attendere da ciò che il prossimo assalto si sarebbe effettuato su un fronte più vasto. Di conseguenza si voleva snidare il 3° Reggimento paracadutisti ed insediarsi più lontano, a destra, sul fronte fino a quel momento tranquillo. Ma prima si diedero un paio di giorni di riposo in una valle dietro Roccasecca. Il III Battaglione doveva, malgrado la scarsa intensità della battaglia, essere lasciato ad un nuovo schieramento. Così, dunque, dopo alcuni giorni, un piccolo drappello andò ancora una volta fuori. Nel Monastero e nella città vi erano, ora, il 3° e il 4° Reggimento paracadutisti; alla nostra sinistra si trovavano gli Alpini[63].
Nel frattempo, trascinammo tanto vettovagliamento e tante munizioni in su, sulla catena di alture che dal massiccio di Albeneta porta dall'altra parte di Monte Cassino, quanto ci fu possibile. Sull'alto della cresta, i paracadutisti si misero in mezzo ai macigni ed ebbero almeno la tranquillità dall'artiglieria nemica. Non interamente al sicuro era il furiere Heilmann al massiccio di Albaneta, poiché proprio dirimpetto c'erano i Polacchi molto vicini. Malgrado ciò, in proporzione, su questo fronte si era relativamente tranquilli.
La notte dell'11 maggio, l'artiglieria alleata cominciò a martellare il posto tattico in modo tale che ci venne meno la vista e l'udito. Erano esattamente le 23:30. Lì per lì, io pensai soltanto ad uno sbarramento di fuoco, ma arrivarono le ore 24, arrivò l'una, e l'inferno di fuoco non cessava minimamente. Un regolare fuoco di fila permaneva sul settore, e noi ci aspettavamo un attacco notturno. Da molto tempo tutte le comunicazioni erano interrotte, ma come per miracolo venne un messaggero e riferì che sul davanti era tutto tranquillo e che il fuoco era soltanto sul campo principale della battaglia. Alle 8 il fuoco cessò; soltanto sei cacciabombardieri incrociavano ancora su di noi. Un comandante di Compagnia degli alpini mi comunicò che il nemico aveva fatto irruzione e stava avanzando sul mio posto tattico. Poco dopo Rohrbach, che stava sulla cima al di sopra di me, mi mandò circa venti prigionieri polacchi che avevano fatto irruzione su di lui. Ora gli avvenimenti si capovolgevano. I cacciabombardieri spuntavano l'uno dopo l'altro e gettavano il loro carico di bombe esclusivamente sul mio posto tattico. I prigionieri polacchi mi si affollavano intorno in cerca di protezione. I loro camerati assalitori incappavano parimente nel proprio fuoco. Verso le 10 subimmo un attacco, ma Rohrbach, che vigilava dalla cima, mandò a vuoto l'impresa dall'altura con una truppa d'assalto. L'attacco polacco fallì, l'HKL rimase in nostre mani malgrado un'accanita battaglia all'ala destra. Ora eravamo minacciati al fianco sinistro, dove si era formato il cedimento presso gli Alpini. Sotto, nella pianura, imperversava la battaglia. Il nemico tralasciò Cassino e procedette con i suoi carri armati nella pianura. Ci sembrò di risuscitare, ci

---

[63] 5. *Gebirgsjäger- Regiment*

sembrò perfino possibile una ritirata sopra il pendio di Monte Cairo; quando venne l'ordine di sospensione, vedevano ancora i Polacchi penetrare nel Monastero. Poi osammo la ritirata sulla Via Casilina [64].

I *Goums* avevano però raggiunto la strada Itri-Pico, a 40 Km dietro il fronte tedesco di Cassino, e di lì a poco avrebbero causato la caduta di Montecassino.
Sulla costa gli statunitensi avevano occupato Formia.
La notte del 17 maggio iniziò lo sganciamento e la ritirata delle forze tedesche dal settore di Cassino.

Di fronte alla superiorità delle forze nemiche, le nostre truppe stanno fornendo da sei giorni un'eroica resistenza. Lo sganciamento attuato nel corso dei combattimenti è posto in atto secondo i piani. Le perdite subite dal nemico, estremamente gravi, sono esorbitanti rispetto ai vantaggi ottenuti.

Ancora Heilmann:

Il nemico tralasciò Cassino e procedette con i suoi carri armati nella pianura. Ci sembrò di risuscitare, ci sembrò perfino possibile una ritirata sopra il pendio di Monte Cairo; quando venne l'ordine di sospensione, vedevano ancora i Polacchi penetrare nel Monastero. Poi osammo la ritirata sulla Via Casilina. Di notte corremmo dietro agli Inglesi che avanzavano, li attaccammo alle spalle verso l'alba, per collocarci davanti ad essi. La 1ª Divisione paracadutisti si staccò allora, non più metodicamente ma certo in tempo opportuno. La Divisione aveva, nella terza battaglia di Cassino, tenuto ancora il suo settore ma, nel complesso di quanto era accaduto, i Paracadutisti potevano mutar poco le sorti della battaglia [65].

Il secondo grande attacco polacco fu effettuato nella notte tra il 17 e il 18 maggio, proprio quando i paracadutisti di Heidrich avevano ricevuto l'ordine di ripiegamento. Ma il comandante della 1. FJD rispose che la sua divisione si sarebbe ritirata solo con un ordine di Hitler in persona; in aggiunta i suoi uomini dovevano prima respingere l'attacco olacco in corso. Così, all'alba del 18 maggio, dopo che il Feldmaresciallo Kesselring aveva convinto il colonnello Heidrich a ritirarsi e dopo che i polacchi erano stati ancora una volta fermati, i paracadutisti abbandonarono Cassino e l'Abbazia[66].
All'alba del 18 maggio la collina del Monastero era in mano alleata; quando i polacchi entrarono cautamente nell'Abbazia trovarono soltanto pochi feriti.

Alle ore 9,45, a un segnale del tenente Gurbiel, tutto il gruppo scalò le mura del monastero. Silenziosamente si arrampicarono sui cumuli di macerie e vi trovarono sedici soldati feriti, due soldati di sanità e un sottotenente. Gurbiel: *"Era evidente che i soldati nemici erano di prim'ordine e molto disciplinati. Mi rivolsi a loro parlando in tedesco.*

---

[64]Heilmann, art. cit.

[65] Ibid.

[66]http://www.dalvolturnoacassino.it/asp/le-battaglie-per-cassino-quarta-battaglia.asp

Il sottotenente chiese quindici minuti per prepararsi. Acconsentii. Riunii i prigionieri che potevano camminare e li inviai allo squadrone: rimanevano tre o quattro feriti che dovevano essere trasportati".

La battaglia di Montecassino era finita[67].

L'Abbazia non era stata conquistata dagli alleati, ma abbandonata dai paracadutisti. Nessuno avrebbe potuto vantarsi di aver sconfitto i Diavoli Verdi.

Un trombettiere polacco del 12° *Podolski*, il caporale Emil Czech, suonò l'*Hejnał Mariacki,* un brano militare di Cracovia risalente al Medioevo, mentre veniva issata la bandiera bianco- rossa sulle rovine. Non essendoci a disposizione una bandiera polacca, essa venne improvvisata con un pennone del 12° lancieri *Podolski* ed una bandiera della croce rossa.

Un veterano polacco, il caporale Choma ricordò:

Sentii un nodo alla gola, quando, in mezzo al brontolio del rombo dei cannoni, le note dell'*Hejnal* giunsero dall'abbazia... Questi soldati, induriti da tante battaglie ed abituatisi alla morte ed alle sconvolgenti devastazioni sui pendii di Montecassino, piangevano come bambini dopo anni di peregrinazioni, sentendo arrivare non dalla radio, ma dalla fino ad allora invincibile fortezza tedesca, la voce della Polonia, la melodia dell'*Hejnal*.

Poco dopo le truppe inglesi si congiunsero con quelle polacche a tre chilometri alle spalle di Cassino, sulla via Casilina.

Così il generale Anders descrisse l'aspetto del campo di battaglia, coperto dai cadaveri e dalle armi abbandonate:

Il campo di battaglia è uno spettacolo tremendo. Mucchi di munizioni mai usate e cataste di mine sono sparse qua e là.

Dovunque si vedono cadaveri di soldati polacchi e tedeschi, a volte avvinghiati in un abbraccio mortale, e l'aria è contaminata dal lezzo della putrefazione. Vi sono carri armati rovesciati con i cingoli rotti e altri che sembrano pronti ad attaccare, con i cannoni ancora puntati verso l'abbazia. Le pendici, soprattutto dove i combattenti hanno colpito con minore intensità, sono coperte da una quantità incredibile di papaveri e i fiori rossi sembrano stranamente appropriati alla scena.

I fianchi delle alture sono sfigurati dai crateri delle bombe; sparsi dentro di essi si vedono frammenti di uniformi e di elmetti, di moschetti automatici americani e tedeschi, Thompson, Spandau e Schmeisser, di bombe a mano.

Il tributo polacco alla battaglia di Cassino fu altissimo: dall'11 maggio i polacchi ebbero 3.503 uomini tra morti e feriti, e tra essi 281 ufficiali. Il maresciallo sir Harold Alexander, comandante del fronte italiano, conferì al generale Anders l'onorificenza dell'Ordine del Bagno:

Conferendo l'Ordine del Bagno al generale Anders, il mio sovrano, Sua Maestà Giorgio VI d'Inghilterra, ha decorato il comandante del II Corpo d'Armata per il suo eccellente

---

[67] J. Piekalkiewicz, *The Battle for Cassino,* Indianapolis, 1980, cit. in Pistilli, cit., p.144.

comando ed anche, con ciò, ha espresso il suo elogio per l'eccezionale valore ed il grande spirito di sacrificio di cui hanno dato prova i soldati polacchi durante la battaglia di Montecassino. Per la Polonia è stato un giorno di grande gloria quello nel quale conquistaste la rocca fortificata che i tedeschi stessi consideravano inespugnabile. Quella da voi sostenuta e vinta è stata la prima fase di una grande battaglia nel combattimento per la conquista della "Fortezza Europea". Essa non rappresenta soltanto uno splendido inizio, è l'indicatore della via da seguire in avvenire [...].
Soldati del II Corpo polacco, se mi fosse dato scegliere tra i soldati che vorrei avere sotto il mio comando, la mia scelta cadrebbe su di voi [...].

Nel cimitero polacco di Cassino si può leggere la seguente epigrafe:

Noi soldati polacchi abbiamo dato le nostre anime a Dio, i nostri corpi all'Italia e i nostri cuori alla Polonia.

Non era retorica, ma la verità. Vedremo più avanti come furono ripagati i soldati di Anders dagli Alleati.

6.

LA STRADA PER ROMA.

Hinter den Bergen strahlet die Sonne,
glühen die Gipfel so rot,
Stehen Maschinen, die woll'n mit uns fliegen,
fliegen in Sieg oder Tod.
Hurra, wir starten, hurra, wir starten,
wenn die erste Morgensonne scheint,
Fallschirmjäger, Fallschirmjäger
gehen ran an den Feind!

Narvik, Rotterdam, Korinth,
Kreta und Cassino sind
Stätten unserer Siege!
|: Ja, wir greifen immer an,
Fallschirmjäger gehen ran,
Sind bereit, zu wagen! :|

(*Hinter den Bergen strahlet die Sonne,* canto dei paracadutisti tedeschi[68]

Intanto il *Corps Expéditionnaire français* di Juin continuava ad avanzare: la 1a divisione motorizzata avanzò lungo la sponda meridionale del Liri e raggiunse la linea *Dora*, la cosiddetta *Linea Hitler*, a sud di Pontecorvo ed anche il II° Corpo statunitense si mosse in avanti rapidamente: il 17 maggio Formia venne presa dall'85a divisione e il 19 venne occupata anche Gaeta, mentre l'88a divisione, attraverso i monti, occupava Itri.

Il 22 maggio le truppe di Juin presero Pico, mentre i polacchi espugnarono Pie-dimonte il giorno 25. L'8a armata avanzò così lungo la Casilina verso Roma.

Tuttavia i tedeschi erano ancora assai combattivi anche nella ritirata.

Una corrispondenza di fonte germanica pubblicata sul quotidiano *La Provincia di Como* del 20 maggio 1944, fornisce un quadro alquanto riduttivo dei fatti, quadro amaramente smentito dagli avvenimenti:

Nel settore meridionale sono tuttora in corso combattimenti di particolare violenza ad

---

[68]Al ritornello originale, che elenca le vittorie dei *Fallschirmjäger* nei primi anni di guerra, Nar-vik, Rotterdam, il canale di Corinto, e la *sassosa Creta*, nel 1944 venne aggiunta la menzione di Cassino, come fosse stata una vittoria.

ovest e a nord-ovest di Esperia e presso Pontecorvo. Reparti mercenari di polacchi, indiani e francesi vengono di continuo lanciati all'assalto delle nuove linee di resistenza germaniche e subiscono perdite elevatissime. Nelle ultime ore dopo massicce azioni di artiglieria, durate lungo tempo, le truppe nemiche, con l'appoggio di molti carri armati, hanno ripreso con maggiore accanimento l'attacco: i granatieri e i paracadutisti tedeschi, saldamente attestati sul nuovo dispositivo di difesa, le hanno respinte passando spesso al contrattacco. Numerose località sono state più e più volte perdute, rimanendo, al termine della giornata, saldamente in mano dei tedeschi. Nei pressi di Sant'Oliva una infiltrazione di carattere locale effettuata da truppe di colore anglo-americane è stata subito limitata e poi eliminata dopo aspra lotta.

Le perdite dell'avversario aumentano di ora in ora. I reparti britannici e canadesi che tentano di sfondare il dispositivo tedesco della valle del Liri sono stati bloccati dall'eroica resistenza germanica. In questo settore la battaglia continua con immutata violenza. Nella zona di Formia gli americani, dopo la occupazione della città, attendono alla necessaria riorganizzazione dei loro reparti stremati dagli sforzi sostenuti e dal tenace, preciso fuoco delle armi germaniche.

Oggi, ottava giornata dell'offensiva anglo-americana si può affermare che le perdite degli attaccanti ascendono ad alcune decine di migliaia di uomini tra morti, feriti e prigionieri. Naturalmente i reparti maggiormente provati sono quelli mercenari, degaullisti, polacchi e di colore. La propaganda nemica si affanna ancora oggi a parlare di sfondamento della linea "Gustav" e di quella "Hitler".

Si tratta, però di un espediente ad uso interno, inglese ed americano, per giustificare, di fronte alla rispettiva opinione pubblica, la lentezza delle operazioni e le enormi perdite subite. È infatti noto che il sistema difensivo germanico in Italia non comporta linee più o meno profonde scaglionate sul terreno poiché la natura di questo non consente la costruzione di simili linee. Da parte germanica si rileva che il nemico non potrà a lungo sostenere una lotta di questo genere, che mentre non gli apporta un successo decisivo, costa alte perdite alle truppe alleate.

Nel momento in cui queste, trovandosi esaurite, spossate e sanguinanti, non avranno più l'attuale potenza d'urto, l'Alto Comando germanico adotterà in pieno le contromisure già predisposte che risolveranno in modo strategico la situazione. [..]. L'occupazione di Cassino, evacuata dalle truppe germaniche in armonia ai loro piani tattici di difesa, ha fatto perdere ai commentatori nemici, e allo stesso Alexander, quella prudenza che si erano imposti il primo giorno dell'offensiva. Una corrispondenza della "Reuter", infatti, informa che il generale Alexander nel suo primo comunicato speciale diramato da quando è incominciata la nuova offensiva di guerra dell'intera campagna, ha dato una lista spettacolosa degli interi successi riportati. Egli ha usata la parola "trionfo " raramente riscontrata nei bollettini ufficiali. Il popolo anglo-americano, spinto in un primo momento all'euforia dalla parola "trionfo " usata da Alexander, ha dovuto mostrare la sua delusione quando riportati sulla carta geografica questi successi vantati ha dovuto constatare che il terreno conquistato, a prezzo di durissimi sacrifici, consisteva in pochi chilometri quadrati di terreno. [...]. Dopo l'immane sforzo compiuto per muoversi su pochi chilometri di terreno, il nemico sente l'imperiosa necessità di prendere respiro e di preparare l'opinione pubblica interna alla probabile sosta[69].

---

[69]Cit. in Pistilli, cit., p.147.

Un'altra corrispondenza sempre di fonte tedesca pubblicata sul *Corriere della Sera* riportava:

Roma 24 maggio

Ieri si è combattuto aspramente tra Piedimonte e Pico.

I Polacchi nella zona pedemontana settentrionale hanno continuato ad insistere contro l'abitato di Piedimonte San Germano, ma pur essendo giunti fino al villaggio non sono riusciti a penetrarvi e hanno lasciato sul terreno, totalmente spoglio di vegetazione, centinaia di cadaveri. Più a sud. tra Aquino e Pontecorvo, si è delineato il maggiore attacco dall'inizio dell'offensiva nemica od oggi. Esso è stato preceduto da una preparazione di artiglieria della durata di oltre 100 minuti e accompagnato da un carosello aereo di bombardieri che si sono succeduti ad ondate continue sulle posizioni germaniche. Quindi alcune centinaia di carri armati hanno attaccato frontalmente le difese tedesche a cavaliere della rotabile Aquino-Pontecorvo.

Nello stesso istante le artiglierie tedesche, tutte, hanno aperto il fuoco di sbarramento che è valso a smorzare l'impeto degli attaccanti, spezzandone e disperdendone in più punti le formazioni.

Al primo sole del mattino decine di mezzi corazzati nemici ardevano sulla piana.

Per ore e ore hanno operato le batterie aprendosi un varco nei campi minati e fra gli ostacoli, per ore e ore i Germanici sono usciti al contrattacco e hanno affrontato spesso all'arma bianca il nemico ove un intervento deciso si rendeva indispensabile. Dopo una sosta sul mezzogiorno, imposta al nemico dalle gravi perdite subite, che si possono valutare in più di un migliaio di uomini, la battaglia ha ripreso con immutata violenza con l'intervento di truppe fresche, ma neppure questo ha portato ad una decisione qualsiasi, e al cadere della notte la lotta calava di tono. Unico risultato della battaglia è stata qui un'infiltrazione di 120 metri tra Pontecorvo ed Aquino già localizzata e contro la quale stamane i Tedeschi stavano esercitando una pressione concentrica.

Il 23 maggio il generale Lucian Truscott, che tre mesi prima aveva sostituito il generale Lucas, ordinò un massiccio attacco contro le postazioni tedesche nel settore di Anzio, riuscendo nello sfondamento. Il 25 maggio il II° Corpo d'armata USA, salendo lungo la costa tirrenica, si ricongiunse con il VI° Corpo, mentre Kesselring ritirava le sue armate sulla Linea *Caesar* che venne evacuata dei tedeschi il 30 maggio, dopo qualche scontro contro la 36a divisione *Texas*.

La situazione più pericolosa per i tedeschi avvenne a fine maggio dopo la rottura del fronte fra Velletri e Cisterna in direzione di Valmontone. In questo momento decisivo lo stato maggiore americano commise un errore che avrebbe avuto notevoli conseguenze: invece di concentrare tutte le forze in un unico punto, ossia nella valle verso Artena-Valmontone, dove c'erano solo i resti delle divisioni di Anzio-Nettuno, esso insistette nel rafforzamento dei fianchi. Prima che lo sfondamento americano fosse portato a termine arrivarono sul luogo le divisioni *Hermann Göring* e la 29. *Panzergrenadiere*[70].

Con queste forze la 14. *Armee* fu in grado, anche con una serie di contrattacchi,

---

[70]Colloredo, *Südfront*, cit., pp. 74 segg.

di impedire sino al 30 maggio lo sfondamento decisivo verso Valmontone. Solamente nella notte fra il 30 e il 31 maggio le truppe americane, con 4 divisioni contro la sola 29. *Panzergrenadier* riuscirono finalmente a determinare la rottura della linea *Dora* a prendere Valmontone il primo giugno.

La 29. divisione *Panzergrenadier* aveva combattuto contro due interi Corpi d'Armata, il II° statunitense e il CEF. Sulla linea *Dora* dal 21 al 25 maggio il suo 15. *Panzergrenadier-Regiment* combatté da solo contro sei reggimenti statunitensi delle divisioni 85ª e 8ª, mentre l'altro reggimento, il 71. *Panzergrenadier-Regiment,* combatteva contro le truppe coloniali francesi di Juin, dal morale altissimo dopo lo sfondamento della *Gustav*[71].

Gli alleati avevano concentrato forze enormi: sette divisioni americane, due divisioni britanniche, quattro divisioni coloniali francesi, per un totale di 13 divisioni. Sarebbero bastate solo due o tre divisioni alleate per occupare Roma. Le restanti dieci o undici divisioni avrebbero potuto attaccare con tutte le loro forze la 10. *Armee* che si ritirava lentamente, essendo composta di divisioni di fanteria, truppe da montagna e di paracadutisti, che ripiegavano da Cassino verso nord.

Tuttavia lo Stato Maggiore americano non seppe sfruttare il successo di Valmontone. La 10. *Armee* si trovava in una situazione di estremo pericolo, non essendo stata in grado di sfruttare i sei giorni guadagnati dal 25 maggio all primo giugno 1944 per congiungere la propria ala destra all'ala sinistra della 14. *Armee*.

Ma gli alleati non seppero sfruttare l'errore commesso dal Gruppo d'Armate germanico: dopo la caduta di Roma era infatti venuto a creare un enorme spazio vuoto fra la 14. *Armee* sul fronte tirrenico e la 10. *Armee* in ritirata al centro e sull'Adriatico. La 14. *Armee*, con poche divisioni (la 3. *Panzergrenadiere*, la 4. *Fallschirmjäger*, la 65. *Infanteriedivision* e parte della 362. *Infanteriedivision*), quasi tutte decimate, era minacciata di accerchiamento e annientamento dagli americani, che avanzavano a una media di 10 chilometri al giorno.

La 10. *Armee*, in lenta ritirata sulle poche strade disponibili, le difendeva il fianco sinistro con la sola 15. *Panzergrenadier* ed era anch'essa in grave pericolo di essere accerchiata e distrutta, tanto più che doveva raccogliere i resti delle divisioni che avevano combattuto nel settore sud di Anzio (715. *Infanterie Division* e la restante parte della 362.).

Per evitare qualsiasi aggiramento e per portare le due Armate alla stessa altezza e per chiudere lo spazio vuoto, Kesselring creò un *punto di forza* nella valle del Tevere, da Tivoli al lago Trasimeno, con sole 4 divisioni, la 26. *Panzer*, le 29. e 90. *Panzergrenadiere* e la 1. *Fallschirmjäger*, lo *Schwerpunkt an Tiber* dal 4 al 16 giugno 1944.

Per fare questo Kesselring spostò il fronte dalla direzione sud alla direzione ovest contro le truppe avanzanti lungo la costa tirrenica: con una manovra perfetta le quattro divisioni si scavalcarono l'una con l'altra, costruendo un nuovo fronte che collegava le due Armate[72].

---

[71]Ibid.

[72]Ibid.

L'esercito tedesco in Italia era salvo.

Il superamento della crisi prima e l'ordinato ripiegamento poi furono merito all'abilità di Kesselring, che freddamente valutò il pericolo e prontamente provvide a fronteggiarlo, e allo spirito delle truppe che, pur subendo gravi perdite, mantennero intatti la loro compagine e lo spirito aggressivo.

Si aggiunga poi l'ennesimo errore alleato, dettato, questa volta, dall'ambizione di Clark di passare alla storia come il *conquistatore di Roma*.

Clark sapeva che il 6 giugno ci sarebbe stato lo sbarco in Normandia e l'apertura del fronte occidentale; di conseguenza, il fronte italiano avrebbe perso importanza e, soprattutto, visibilità. Decise quindi che non poteva perdere l'occasione di giungere a Roma in ritardo. Ordinò quindi la gravitazione delle forze non più su Valmontone ma su Roma dove fece il suo ingresso trionfale il 4 giugno 1944. Conquistò la gloria ma i tedeschi riuscirono ancora una volta a ritirarsi in forze: li ritroverà tutti sulla linea Gotica[73].

Con l'arrivo della primavera, anche sul fronte abruzzese, praticamente fermo da mesi, si cominciò a respirare il clima dell'offensiva finale. Nel settore montano i tedeschi, ormai sul punto di ritirarsi, erano ancora attestati sulla Maiella, dove, sul monte Amaro, avevano allestito una grossa batteria contraerea, un osservatorio e una funicolare collegata al versante di Campo di Giove, al passo di Cocci e lungo i boschi della Chiovera fino alla stazione di Palena.

In quelle settimane, rincuorati dalla presunta sconfitta tedesca da parte degli alleati ed in cui non avevano avuto alcuna parte, si rimisero in attività i partigiani della Banda Maiella, in alcuni casi insieme a distaccamenti indiani, i quali intensificarono le perlustrazioni sulla dorsale Sangro-Aventino e sullo stesso massiccio della Maiella, trovandole ormai abbandonate dai reparti avversari.

Fra l'8 e il 9 maggio i partigiani, che avevano riacquistata la loro baldanza credendo i tedeschi ormai sull'orlo della disfatta, entrarono prudentemente a Lettopalena e Palena, che erano state già abbandonate dagli occupanti. Lungo i costoni della Maiella i reparti di retroguardia tedeschi ingaggiarono i britannici per coprire lo sganciamento del grosso delle truppe, ma tra la fine di maggio e gli inizi di giugno essi si ritirarono nel massimo ordine ovunque.

Per quanto riguarda l'area più prossima all'Adriatico, lo sfondamento alleato della Linea *Gustav* a Cassino produsse cambiamenti nella disposizione degli eserciti, ma nessuna importante operazione degna di nota: Alexander rinunciò a far attaccare il V Corpo britannico, tenendo sotto pressione i tedeschi con le artiglierie, gli attacchi aerei e le incursioni delle pattuglie.

Fu con l'arrivo a Roma dell'armata di Clark che la ritirata tedesca si fece imminente: nel settore collinare e costiero adriatico la 278. *Infanteriedivision* iniziò a

---

[73]Sugli avvenimenti successivi, con la ritirata compiuta combattendo da Kesselring dalla *Gustav* e da Anzio sino alla linea del Trasimeno ed alla linea Gotica, e che costituisce il suo capolavoro strategico, per una trattazione approfondita si veda ancora una volta il mio *Südfront*, cit.: all'argomento è dedicato il cap. 7, *Da Roma alla linea Gotica*.

ripiegare il 6 giugno. Il giorno 8 gli indiani entrarono a Tollo, mentre anche le truppe italiane del CIL avanzarono guardinghe occupando, dopo che i tedeschi se ne erano andati, nel pomeriggio Canosa Sannita e Orsogna, in quei mesi il principale baluardo tedesco della *Gustav* nel settore adriatico. La mattina del 9 giugno, mentre pattuglie di Gurkha si trovavano già a Miglianico, altri reparti del CIL entrarono a Guardiagrele anch'essa già evacuata. In due giorni di lento e scarsamente ostacolato inseguimento delle forze tedesche, il V° Corpo britannico aveva ormai superato la linea del fiume Foro[74].

I tedeschi si sganciarono senza troppi problemi, abbandonando ai troppo prudenti britannici il settore abruzzese della linea *Gustav*, ripiegando verso la linea Gotica dove si sarebbero attestati saldamente.

A Cassino Kesselring era riuscito nell'impossibile: fermare per nove mesi gli alleati che già si erano visti entrare vittoriosi in Roma. Eppure sulla carta sarebbe sembrata una follia, stante la sproporzione di uomini e di mezzi tra le due parti.

Il Davide tedesco aveva fermato il Golia angloamericano.

I pochi *Fallschirmjäger* superstiti che ripiegavano verso nord, sentendosi invitti, cambiarono il ritornello di una delle loro canzoni più popolari, *Hinter die Bergen*:

Narvik, Rotterdam, Korinth,
Und die heiße Kreta sind
Stätten unserer Siege![75]

aggiungendo alle vittoriose battaglie di Narvik, di Rotterdam, del canale di Corino e alla sassosa Creta anche Cassino, vista come una vittoria, la più gloriosa:

Narvik, Rotterdam, Korinth,
Kreta und Cassino sind
Stätten unserer Siege!

Le cifre delle perdite delle battaglie di Cassino sono incerte.

Nel cimitero germanico di Caira sono sepolti 20.026 soldati tedeschi, ma tale cifra comprende anche i caduti nell'Italia meridionale, Sicilia esclusa. Anche per quanto riguarda gli Alleati non si hanno dati ufficiali, ma si calcolano le seguenti perdite: statunitensi, 20.389 morti e 20.159 dispersi; britannici, 4.056; neozelandesi, 1.596; indiani, 4.000; polacchi, 3.503 uomini[76]; coloniali francesi: 6.632, per un totale di 60.335 uomini tra caduti, feriti e dispersi.

Quanto al *distruggere le armate tedesche in Italia* Alexander avrebbe dovuto aspettare ancorna un altro interminabile anno

---

[74] Ronchetti, Ferrara, cit., pp. 41 -42.

[75] Narvik, Rotterdam Corinto
e la sassosa Creta sono
i luoghi delle nostre vittorie!

[76] 1.375 morti.

EPILOGO.

LIBERATORI E LIBERATI.
IL PASSATO CHE NON PASSA.

Abbiamo subito più durante le 24 ore di contatto con i marocchini che negli otto mesi sotto i tedeschi

(Un civile italiano, cit. da A. Mansolas).

Ciò che seguì alla battaglia dimostra al di là della retorica cosa fosse in realtà la cosiddetta liberazione: una pura e semplice conquista militare. Se oramai sono ben note le atrocità commesse dai *Goumiers*- ma anche dai sottufficiali e ufficiali francesi- sulla popolazione civile, anche e soprattutto per far pagare agli italiani *la pugnalata alle spalle* del 1940, su cui torneremo più avanti, meno noto è il tradimento- e non vediamo quale altro termine utilizzare- verso i combattenti polacchi, venduti agli interessi anglo- e, soprattutto- americani a Stalin ed ai collaborazionisti comunisti polacchi.
Citiamo da una breve pubblicazione ufficiale polacca in lingua italiana dedicata alla battaglia:

Nei combattimenti di Montecassino caddero oltre 900 soldati del II Corpo [polacco]. Nonostante ciò il II Corpo già a giugno ritornò a combattere e liberò Loreto, Ancona e poi Bologna.
Ai soldati polacchi non fu dato di poter rientrare nella propria patria libera. Le decisioni della conferenza dei Tre Grandi a Jalta inserirono la Polonia del dopoguerra nella zona di influenza sovietica. I soldati del II Corpo, salvati dai lager sovietici, conoscevano bene la vita nel "paradiso" comunista. Del resto non avevano dove tornare: i loro paesi e le loro città di origine, come Vilnius o Leopoli,erano divenuti parte dell'Unione Sovietica. Subito dopo la fine della guerra i governi degli stati alleati riconobbero la legalità del Governo Provvisorio della Polonia comunista, ritirando quindi il loro sostegno al legittimo governo della Repubblica Polacca in esilio. Le autorità comuniste polacche tolsero la cittadinanza polacca al generale Anders e ad altri comandanti polacchi (tra cui l'ex Comandante Supremo delle Forze Armate Polacche, il generale Kazimierz Sosnkowski), i quali non ricevendo i diritti di ex-combattente erano costretti svolgere lavori fisici.
Nonostante gli sforzi dei comunisti in Polonia la gente ricordava l'eroismo dei soldati polacchi, tra l'altro grazie alla canzone *Czerwone maki na Monte Cassino* [I papaveri di Montecassino], composta da Feliks Konarski il giorno dopo la battaglia.
Fu simbolo di dissenso negli anni della dittatura staliniana e divenne quasi un inno nazionale[77].

---

[77]Instytut Pamięci Narodowej- Istituto per la Memoria Nazionale, *Battaglia di Montecassino 1944*, Warszawa 2014 , p. 26.

Un'associazione di ispirazione comunista, nominalmente di ex partigiani, nata negli anni della guerra fredda per iniziativa del partito comunista italiano in nome della stessa ideologia che condannò all'esilio od alle persecuzioni in patria i combattenti polacchi, lautamente sovvenzionata dallo Stato, e di un politico celebre più per essere il fratello di un celebre attore che interpreta un commissario che per le capacità politiche, recentemente (marzo 2018) ha impedito che Cassino dedicasse ai *Fallschirmjäger* caduti un monumento. Basti leggere le seguenti righe del *Fatto quotidiano*:

Per l'Associazione Albergatori la stele – che doveva essere posta nella Grotta di Foltin, posto di comando del capitano dei paracadutisti nazisti Ferdinand Foltin -, era una "iniziativa di riconciliazione senza alcuna valenza politica", per ricordare tutte le vittime. Ma la cerimonia nella Città Martire, che ha pagato un prezzo durissimo durante la seconda guerra mondiale, aveva già fatto infuriare il presidente della Regione Nicola Zingaretti, che ha parlato di "un gesto grave". "Uno sfregio alla guerra di liberazione", invece, per il presidente dell'Associazione partigiani (Anpi) di Roma, che si era detto pronto " a fare denuncia". Al contrario, per l'*Associazione Paracadutisti Tedeschi* si trattava di "un monito e un ricordo delle vite stroncate dall'assurdità e dalla violenza della guerra e per tutti i militari e tutti i civili morti nella battaglia".L'Associazione degli albergatori di Montecassino e Linea Gustav(fortificazione nazista [sic!! nda] che divideva in due l'Italia, ndr) – chissà se con un pensiero al turismo tedesco – aveva coinvolto il sindaco di centrodestra Carlo Maria D'Alessandro e l'abate di Montecassino Don Donato Ogliari, che avrebbe dovuto benedire la stele. Ma Zingaretti aveva parlato di "grande stupore e profonda inquietudine" per l'iniziativa e notava che "sul manifesto appare un paracadute aperto che richiama la prima Divisione che ha operato nella zona".[78]

Non sono mancate le reazioni, purtroppo inutili, anche dei vertici dell'Associazione Nazionale Paracadutisti d'Italia e del suo Presidente, il generale Marco Bertolini.

Uno scandalo inutile. Di quelli che tanto piacciono alla sinistra antifascista. Ci riferiamo alla mancata deposizione di una stele dedicata alle migliaia di paracadutisti tedeschi caduti nella battaglia di Montecassino del 1944. La scritta sul monumento, a forma di paracadute, avrebbe dovuto recitare: "A memoria e monito e in ricordo delle vite stroncate dall'assurdità e dalla violenza della guerra". Solo questo. Immediate le proteste dell'immancabile associazione nazionale partigiani. "Quello che sta accadendo a Cassino è una cosa gravissima, uno sfregio alla guerra di liberazione" aveva urlato tale Fabrizio De Sanctis, presidente dell'Associazione nazionale partigiani di Roma. Detto fatto. Manifestazione annullata nonostante i chiarimenti forniti da Pino Valente, Presidente dell'Associazione Albergatori Parco di Montecassino e Linea Gustav, e Roberto Molle, Presidente dell'Associazione Battaglia di Cassino: "L'iniziativa – avevano spiegato – è

---

[78]"Cassino, sospesa inaugurazione della stele dedicata ai parà nazisti. Sindaco: "Siamo città della pace", *Il Fatto quotidiano*, 18/03/2018*, https://www.ilfattoquotidiano.it/2018/03/18/cassino-sindaco-sospende-linaugurazione-della-stele-dedicata-ai-para-nazisti-siamo-citta-della-pace/4234376/*

assolutamente scevra da qualsivoglia significato politico". La stele doveva essere scoperta lungo via Di Biasio, alle pendici di Montecassino, in onore della Prima Divisione paracadutisti tedesca, che vi trovò rifugio durante i bombardamenti del marzo 1944 nella grotta lunga oltre 80 metri e alta 3. Il mancato collocamento del monumento ha causato imbarazzo tra i vertici militari italiani ed europei.Tanto che il Generale della Folgore Marco Bertolini, presidente dell'Associazione Nazionale Paracadutisti d'Italia si è sentito in dovere di prendere carta e penna e scrivere una lettera al ministro della Difesa Roberta Pinotti: "Alcuni giorni fa il Generale di Corpo d'Armata Hans-Werner Fritz, Presidente dell'Associazione paracadutisti tedesca, mi aveva avvertito che stava venendo in Italia con un gruppo di associati per una cerimonia a Cassino in memoria dei valorosi paracadutisti tedeschi che vi caddero durante la Seconda Guerra Mondiale". Bertolini spiega che con il Generale Fritz si era creato un rapporto di collaborazione a livello europeo, collaborazione che coinvolgeva le operazioni militari che vedono l'Italia e la Germania alleate in scenari di guerra difficili quali l'Afghanistan. "Successivamente – spiega Bertolini – Hans mi ha mandato una mail comunicandomi laconicamente che c'è stata una crescente pressione sulla questione che ha costretto le autorità italiane a posticipare la celebrazionealla quale l'ANPDI avrebbe ovviamente partecipato con una sua rappresentanza". Bertolini ha dovuto quindi giustificarsi a nome dell'Italia intera e gli ha suggerito di prendere qualche misura per ribadire ai nostri commilitoni tedeschi, ma non solo, che gli appelli alla sbandierata "difesa comune" europea non sono solo vuote parole. E che "non abbiamo dimenticato i doveri che ci derivano dalla nostra appartenenza alla civiltà cristiana, che ha nel culto dei morti, di tutti i morti, e soprattutto dei Caduti, di tutti i Caduti, uno dei suoi più radicati appigli". Il Generale Bertolini conclude la lettera chiedendo al Ministro Pinotti: "anche di valutare se un'associazione come l'ANPI, protagonista di questa bella frittata oltre che di tutt'altro che edificanti manifestazioni di carattere virulentemente politico come quelle che ci ha proposto la cronaca degli ultimi mesi, possa essere confusa con le associazioni d'Arma, avendo anzi contributi finanziari dal Suo Ministero che le altre non possono neppure immaginare"[79].

La migliore risposta alla malaccorta polemica è, a parer nostro, l'articolo seguente:

La notizia è di quelle, ormai, ricorrenti: a Cassino è stata eretta una stele in memoria dei paracadutisti tedeschi che combatterono nella cosiddetta "grotta Foltin". Qui, in via de Bisasio, scavata nel fianco della montagna, avevano sede infermeria e quartier generale del capitano Ferdinand Foltin in una delle più feroci battaglie della seconda guerra mondiale. Sulla stele è raffigurato un paracadute e la scritta "A memoria e monito in ricordo delle vite stroncate dall'assurdità e dalla violenza della guerra". Poca roba, si dirà. Eppure tanto è bastato perché l'Anpi e il governatore del Lazio Nicola Zingaretti gridassero allo scandalo e all'insulto nei confronti di quanti patirono l'oppressione nazista. E' interessante questo tipo di reazione: una specie di riflesso condizionato, come la salivazione dei cani sottoposti all'esperimento di Ivan Pavlov.

E' notizia di ieri 18 marzo che l'inaugurazione della stele è stata sospesa dal sindaco. Non tutto il male viene per nuocere, dando così l'occasione di ripensare ai fatti e di av-

---

[79]https://www.ilprimatonazionale.it/approfondimenti/la-vergogna-cassino-generale-bertolini-scrive-al-ministro-81739/

viare alcune iniziative che valgano stemperare le tensioni.

In realtà la stele fa parte di un percorso storico della battaglia, attivo dal 2015, e che vede tra i promotori l'Associazione Albergatori Parco di Montecassino e Linea Gustav. Perché, sia detto senza cinismo, almeno il turismo dei reduci stranieri (tedeschi, americani, inglesi, neozelandesi, polacchi e altre sei o sette popoli) è solo un parziale risarcimento per la completa distruzione della città. Ma l'Anpi e Zingaretti non ci sentono da questo orecchio. Si parla di tedeschi e subito si inalberano, tanto più che a scoprire la stele dovevano esser il sindaco Carlo Maria D'Alessandro e il generale Hans Werner Fritz, presidente della Confederazione tedesca paracadutisti. Per il sottoscritto, che ha visitato il campo di battaglia di Cassino e ha pubblicato un libro (*Il paradiso devastato*, ndr) proprio sulla campagna d'Italia, è un'iniziativa meritoria. Anche perché si tratta di rilevare il coraggio sovrumano dei "diavoli verdi" tedeschi, ammirati dagli stessi nemici per la loro eccezionale resistenza. Di partigiani, invece, nella battaglia di Cassino, non se ne vide nemmeno uno.

Tutt'al più, se e quando si farà l'inaugurazione, andrebbe fatta al generale Fritz una controproposta interessante. Erigere una stele in memoria di quei valorosi, sia a Cassino che a Ortona, in Abruzzo, ma con una contropartita: visitare Pietransieri e, come fece Willy Brandt a Varsavia, mettersi in ginocchio davanti alle tombe dei 120 civili, in gran parte donne e bambini, assassinati dai tedeschi della 1a divisione paracadutisti nel novembre del 1943 perché non si decidevano a lasciare le proprie abitazioni. Un massacro compiuto perché i parà dovevano sgomberare la zona e obbedire agli ordini[80]. (...).

Solo così verrebbe resa giustizia alle vittime e agli eroi, in modo imparziale e salvando la memoria storica, tenendo conto che, generalmente, i parà tedeschi tennero un comportamento sostanzialmente corretto.

Ma un'altra modesta proposta può essere avanzata da queste pagine proprio all'amministrazione comunale di Cassino: una stele, una lapide, un memoriale, qualcosa, insomma,

---

[80] A Limmari di Pietransieri, presso Roccaraso, il 21 novembre 1943 i FJ della 11ª Compagnia del III./1. FJR comandata dal capitano Georg Schulze (non dal maggiore Wolf Werner von der Schulenburg, come è stato spesso erroneamente affermato) passarono per le armi 128 civili italiani tra cui molte donne e 35 bambini sotto i dieci anni (il più piccolo aveva un mese di vita). Come scrive Marco Marzilli, Schulze *ordinò uno degli eccidi più efferati che furono commessi in Italia. Nessuno si salvò, tranne una bambina, Virginia Macerelli, rimasta protetta dal corpo della mamma...*
La strage si configura in ogni caso come un fatto episodico di alcuni comportamenti di quella 11ª Compagnia. Infatti le altre pattuglie, come quella che passa al Casolare Cantini e al Di Florio, perlustrano la zona ma senza più fare vittime...
Poi finita l'emergenza del pericolo di un attacco alleato, i rapporti tra militari e popolazione si "normalizzano", almeno nel settore del 3° Reggimento. (...) L'unico elemento inspiegabile è la sproporzione tra la colpa (quella di trovarsi nel momento sbagliato in zona di operazioni) e la punizione, che colpisce con una mezz'ora di puro terrorismo (rep. in . https://digilander.libero.it/historiamilitaria3/pietransieri.htm.).
Val la pena di citare alcune considerazioni espresse dallo storico Paolo Paoletti e riportate nel volume *L'eccidio dei Limmari di Pietransieri (Roccaraso): un operazione di terrorismo – Analisi comparata delle fonti scritte ed orali italiane e straniere: Se le 128 vittime, trucidate dal 15 al 21 novembre, si fossero allontanate da quella zona...ed avessero riparato, dopo l'obbligato sfollamento, nelle zone...che offrivano una certa sicurezza perché assai distanti dalla linea Gustav, si sarebbero indubbiamente sottratte a tanta ferocia* (cit. in http://www.rivisondoliantiqua.it/gli%20altipiani%20nella%20storia/limmari.htm)

che renda grazie al generale Fridolin von Senger und Etterlin. Il quale von Senger ebbe un grave difetto: quello di essere un generale troppo in gamba per gli Alleati perché fu lui a difendere il fronte di Cassino con una perizia e un acume eccezionali.

Provocazione? Non poi tanto. Forse non tutti sanno che von Senger era cattolico, terziario benedettino, refrattario al nazismo ma stimato per la sua bravura da Albert Kesserling [sic per Kesselring, ndA]. E fu proprio questa stima che salvò von Senger dalla fucilazione nel settembre 1943. All'epoca von Senger era in Corsica subito dopo l'armistizio e aveva catturato decine di ufficiali italiani. Una sera arrivò il *Fuhrerbehfel*, l'ordine diretto di Hitler al quale non si poteva disobbedire pena la morte: fucilare tutti gli ufficiali italiani. Durante la guerra quasi tutti gli ufficiali tedeschi hanno obbedito senza discutere, ma von Senger doveva salvare la propria anima: non aveva "il diritto di obbedire" a un ordine simile. Così fece imbarcare tutti gli italiani sulla prima nave in partenza e poi telefonò a Kesserling manifestando l'impossibilità di eseguire l'ordine. *Smiling* Albert mangiò la foglia ma lasciò perdere e bene fece, perché Von Senger diresse, come si è detto, il fronte di Cassino e non solo. Fece evacuare i civili e l'abate Gregorio Diamare dall'abbazia, mettendo in salvo tutto ciò che si poteva trasportare perché non fosse distrutto dagli Alleati. Inoltre non utilizzò mai l'abbazia come struttura militare se non dopo il disastroso bombardamento alleato del febbraio 1944: un delitto e un errore, questo, tra i più stupidi e terrificanti della guerra.

Dopo Cassino, von Senger divenne responsabile della difesa di Bologna e riuscì a pacificare una città dove fascisti e comunisti commettevano crimini orrendi ogni giorno. Diede il benservito a parecchi fascisti sanguinari riportando un ordine tollerabile, dato che la città era in prima linea e non solo: quando la Linea Gotica fu sfondata, abbandonò Bologna senza combattere, rinunciando a farne una Stalingrado che avrebbe causato altre vittime (e sia permesso un dato personale: tra queste possibili vittime c'era anche Lionello Leoni, di anni 15, mio padre). Un raro generale tedesco, dunque, in cui l'umanità era pari alla perizia: proprio perché così raro, sarebbe il caso che Bologna e Cassino gli dedicassero un tardivo riconoscimento. Quanto ai cani di Pavlov dell'ideologia corrente, ricordare come la storia sia complessa pare abbastanza inutile. La responsabilità di studiare e giudicare resta sempre personale[81].

Ma Cassino e le sue battaglie sembrano ancor oggi scaldare gli animi. In occasione del settantesimo anniversario della battaglia e della visita ufficiale del principe Harry di Windsor, il 19 maggio 2014 il blog di Beppe Grillo pubblicò un intervento intitolato, piuttosto icasticamente, *Che cosa cazzo c'è da festeggiare a Montecassino?*, nel quale, insieme a non poche imprecisioni, si leggeva:

(...) La Storia scritta dai vincitori a Montecassino non permette che si parli dei loro crimini

Montecassino. Hanno distrutto inutilmente un'abbazia e violentato 2mila donne!!! [la cifra corretta è assai superiore, ndA], ma noi li festeggiamo. Questa è l'Italia. A Montecassino hanno distrutto inutilmente l'abbazia, un monastero storico fondato nel 529 da San Benedetto da Norcia. In quella campagna (4 battaglie di Montecassino [sic per Cassino, ndA]) hanno stuprato 2mila donne (almeno i dati accertati) e poi bimbe, e tanti

[81]http://www.ilsussidiario.net/News/Cronaca/2018/3/19/A-CASSINO-L-Anpi-e-Zingaretti-cadono-ancora-nella-trappola-dell-antinazismo-militante/812141/

uomini indifesi sono stati violentati ed impalati. Ma noi festeggiamo assieme al principino Harry. Riportiamo queste testimonianze anche se sappiamo bene che non è *politicamente corretto* parlare dei crimini commessi dagli alleati nel corso del secondo conflitto mondiale: si sa che loro erano portatori di *democrazia e libertà*, loro erano dalla parte del giusto mentre dall'altra parte c'era il *male assoluto*. Ancora oggi abbiamo in Italia sul nostro territorio ben 113 basi americane, in alcune delle quali, sembra accertato che siano custoditi ordigni atomici tattici, serviranno a difenderci da altri *mali assoluti* che potrebbero manifestarsi[82].

Abbiamo accennato alle violenze commesse dalle truppe del C.E.F. contro i civili.

Dei soldati che si erano battuti magnificamente hanno macchiato per sempre di un'onta infamante la reputazione e l'onore dell'esercito francese, dell'esercito che era stato di Condé, di Turenne, di Hoche, di Kellermann, di Napoleone, di Petain e di Foch, l'esercito di Valmy, Marengo, Austerlitz, Solferino, della Marna e di Verdun.

Violenze volute contro gli italiani, macchiati per i francesi della "colpa" della dichiarazione di guerra del 1940 e di aver occupata la Francia meridionale e la Corsica con la IVa Armata- non ci si dimentichi che i francesi erano l'unico esercito alleato combattente in Italia il cui paese avesse subita la sia pur blanda occupazione italiana- fatto questo sempre ignorato dalla storiografia postbellica, quasi che a scatenare le violenze contro la popolazione fosse stata una qualche indole predatoria peculiare ai soldati nordafricani e non frutto d'una costante opera di propaganda anti-italiana da parte di ufficiali e sottufficiali francesi a partire dalla campagna di Tunisia: *les ritaliens* erano quelli che volevano annettersi Nizza, la la Savoia, la Corsica e la Tunisia, gli autori del *coup de poignard* del giugno 1940 contro la Francia in ginocchio... e dovevano pagarne le conseguenze.

Anche in Italia, l'immagine volutamente falsata e riduttiva che si ha delle *marocchinate* è quella del film di De Sica del 1962 che valse l'Oscar alla veniseienne Sophia Loren - Anna Magnani, che avrebbe dovuto interpretare la parte di Cesira (ringiovanita apposta per la Loren: nel libro di Moravia la protagonista ha più di cinquant'anni) affermò che se i marocchini non avessero violentate la Loren e Eleanore Brown sarebbero stati dei cretini- in cui le violenze del CEF sono praticamente ridotte ad uno stupro notturno da parte di un gruppo di *goums* senza che si avverta il clima di terrore e di violenze di massa vissute dalla popolazione ciociara, tanto che nel film succitato madre e figlia il giorno dopo possono andare in giro tranquillamente chiedendo anche passaggi a sconosciuti!

A proposito dei crimini commessi dai coloniali francesi, su cui esiste una vasta letteratura, non sempre attendibile, l'argomento è troppo importante- anche e soprattutto per la tragedia delle popolazioni civili del Basso Lazio- per non accennarne sia pure sommariamente, ma, poiché esula del nostro lavoro, ci limi-

---

[82]http://www.beppegrillo.it/cosa-cazzo-ce-da-festeggiare-a-montecassino/

tiamo a proporre un breve estratto di un articolo recente e documentato sull'argomento, dal titolo esplicito, *"Marocchinate", 1944: i bambini violentati, le sorelle crocefisse, il prete seviziato, la nonna stuprata da 300 soldati...* di Edoardo Greco, che ben riassume i fatti avvenuti all'indomani dello sfondamento della *Gustav*:

(...) Ad Ausonia decine di donne furono violentate e uccise, e lo stesso capitò agli uomini che tentavano di difenderle. Dai verbali dell'Associazione Nazionale Vittime Civili di Guerra risulta che anche "due bambini di sei e nove anni subirono violenza". A S. Andrea, i marocchini stuprarono 30 donne e due uomini; a Vallemaio due sorelle dovettero soddisfare un plotone di 200 *goumiers*; 300 di questi invece, abusarono di una sessantenne. A Esperia furono 700 le donne violate su una popolazione di 2.500 abitanti.

Anche il parroco, don Alberto Terrilli, nel tentativo di difendere due ragazze, venne legato a un albero e stuprato per una notte intera. Morirà due anni dopo per le lacerazioni interne riportate. A Pico, una ragazza venne crocifissa con la sorella. Dopo la violenza di gruppo, verrà ammazzata.

A Polleca si erano rifugiati circa diecimila sfollati, per lo più donne, vecchi e bambini in un campo provvisorio. Qui si toccò l'apice della bestialità. Luciano Garibaldi scrive che dai reparti marocchini del gen. Guillaume furono stuprate bambine e anziane; gli uomini che reagirono furono sodomizzati, uccisi a raffiche di mitra, evirati o impalati vivi.

Una testimonianza, da un verbale dell'epoca, descrive la loro modalità tipica: "I soldati marocchini che avevano bussato alla porta e che non venne aperta, abbattuta la porta stessa, colpivano la Rocca con il calcio del moschetto alla testa facendola cadere a terra priva di sensi, quindi veniva trasportata di peso a circa 30 metri dalla casa e violentata mentre il padre, da altri militari, veniva trascinato, malmenato e legato a un albero. Gli astanti terrorizzati non potettero arrecare nessun aiuto alla ragazza e al genitore in quanto un soldato rimase di guardia con il moschetto puntato sugli stessi".

I numeri delle vittime non sono certi, alcune fonti parlano di alcune migliaia, altre arrivano fino a 60 mila. Nel 1952 la deputata del Pci Maria Maddalena Rossi presentò un'interrogazione parlamentare sulle "marocchinate".

Dal dibattito venne fuori che il governo riteneva attendibile la cifra di 20 mila vittime di violenze.[83]

E se le donne anziane non vennero risparmiate da percosse e abusi, alle giovani andò ancora peggio: vissero decenni con il marchio d'infamia della "marocchinata", restarono incinte degli stupratori, morirono suicide o divorate dalle malattie veneree rese letali dalla povertà e dalle scarse condizioni d'igiene. L'onorevole Rossi cercò di portare in Parlamento anche il loro dramma:

"La nostra interpellanza si riferisce dunque ad uno dei drammi più angosciosi, quello delle donne che subirono le violenze delle truppe marocchine della V armata, nel periodo tra l'aprile e il giugno del 1944, dopo la rottura del fronte del Garigliano, quando queste irruppero nella zona del cassinate. Non so se sia vero quello che si dice delle truppe marocchine, cioè che il contratto d'ingaggio di questi mercenari non esclude o addirittura lo consenta il diritto al saccheggio ed alla violenza.

Risulta invece che, dopo gli avvenimenti dolorosi cui ci riferiamo, comandanti ed uffi-

---

[83]La discussione parlamentare è consultabile su
http://www.cassino2000.com/cdsc/studi/archivio/n07/n07p09.html.

ciali di queste truppe tentarono di correre ai ripari con alcuni casi di punizioni e soprattutto concedendo alle prime vittime qualche soccorso. Comunque, sia stato o meno tollerato, se non concesso, il fatto è che il saccheggio fu compiuto e le violenze ebbero luogo.

Il primo paese del cassinate che le truppe marocchine incontrarono nell'aprile 1944 e la cui popolazione, di circa 600 abitanti, non fosse sfollata fu, se non erro, Esperia. I soldati fecero irruzione nelle case, depredarono, saccheggiarono, e le violenze innominabili furono compiute su uomini e donne. Perfino il parroco fu legato ad un albero e costretto ad assistere allo spettacolo. Poi anche di lui fu compiuto tale scempio che ne morì.

Del resto, a Vallecorsa, non furono risparmiate neppure le suore dell'ordine del Preziosissimo Sangue. A Castro dei Volsci dai registri del comune risultano 42 gli uomini e le donne morti in quei mesi terribili. Come e perché morirono quei 42 cittadini? Ecco alcune informazioni. Molinari Veglia, una ragazza di 17 anni, è violentata sotto gli occhi della madre e poi uccisa con una fucilata; siamo in contrada Monte Lupino, il 27 maggio 1944. Rossi Elisabetta, di circa 50 anni, è sgozzata dai marocchini perché tenta di difendere le sue due figlie, rispettivamente di 17 e 18 anni: la madre muore e le figlie sono violentate; ciò accade in contrada Farneta. Anche Margherita Molinari, di 55 anni, tenta di salvare la figlia Maria, che ne ha 21: è uccisa con cinque fucilate al ventre! Il bambino Serapiglia Remo, di cinque anni, innocente testimone dei delitti che intorno a lui si compiono, dà fastidio: perciò viene lanciato in aria e lasciato ricadere, così che morrà entro le 24 ore successive per le lesioni riportate. Pare che la madre non abbia ancora ricevuto la pensione; ha altri otto figli e il marito è disoccupato.

Ed ecco alcuni esempi di ciò che accadde a Pastena. La signora Anelli Elvira fu Giuseppe ha il braccio troncato da una scarica di mitra: essa morirà tubercolotica quattro anni dopo, ma certo le conseguenze della violenza subita nell'aprile del 1944 ne hanno affrettato la fine.

Antonini Giuseppe fu Francesco viene ucciso dai marocchini in contrada Santa Croce e nessuno sa dove sia stato sepolto, perché il cadavere è portato via immediatamente dai francesi. Giuseppe Faiola fu Marco è ucciso dai marocchini in contrada Cerviso. A Vallecorsa, Luigi Mauri fu Martino muore il 26 maggio 1944 in contrada Lisano nel tentativo di difendere l'onore della moglie Lauretti Assunta e delle sue quattro figliole. Ancora a Vallecorsa Antonbenedetto Augusto fu Cesare cade il 25 maggio 44, in contrada Visano per difendere l'onore della moglie Nardoni Margherita.

Cade anche Papa Vittorio di Alessandro il 25 maggio 1944, in contrada Santa Lucia, avendo osato difendere la moglie Di Girolamo Rosina di Augusto, ma prima di essere ucciso è egli stesso seviziato. Sacchetti Antonio fu Michele, Sacchetti Eugenio fu Michele, Sacchetti Eugenio fu Vincenzo, Sacchetti Gabriele di Agostino sono bastonati a sangue perché osano difendere l'onore delle rispettive mogli, sorelle, madri; alla fine si ribellano e un marocchino viene ucciso: quali rappresaglie vengano inflitte è facile immaginare.

Fatti analoghi a quelli che ho citato accadono a Pontecorvo, a Sant'Angelo, a San Giorgio a Liri, a Pignatara Intermagna, a Caccano: almeno in una trentina di paesi delle province di Frosinone e di Latina, percorse dalle truppe marocchine. Quante donne abbiano subito violenza da parte delle truppe marocchine nessuno sa con esattezza né forse si saprà mai.

Quello che noi possiamo però rilevare dai dati che sono a nostra conoscenza è che in maggioranza si tratta di donne vecchie, anzi vecchissime, come quelle di Agata Baris,

nata nel 1882, e come molte altre, con cui ho avuto io stessa occasione di parlare, che oggi hanno 70-75 ed anche 80 anni. L'età avrebbe dovuto costituire una difesa per queste donne, o almeno così esse ritenevano. Infatti alcune non pensarono neppure di mettersi in salvo, anzi, convinte che sarebbero state rispettate, affrontarono esse stesse i marocchini per dar tempo alle giovani di nascondersi, di scappare, di rifugiarsi su, tra le montagne. Invece furono seviziate e violentate, come per esempio quella Emanuela Valente della borgata Santangelo, che oggi conta 70 anni, che ebbe i polsi fratturati.
(...)
Il Vaticano chiese e ottenne che i Goumiers non entrassero a Roma. Non andò bene invece ai senesi, nella cui provincia i reparti maghrebini si resero di nuovo protagonisti di violenze dopo aver scacciato i nazisti verso nord.
Qui ricominciarono le violenze a Siena, ad Abbadia S. Salvatore, Radicofani, Murlo, Strove, Poggibonsi, Elsa, S. Quirico d'Orcia, Colle Val d'Elsa. Perfino membri della Resistenza dovettero subire gli abusi. Come testimonia il partigiano rosso Enzo Nizza: "Ad Abbadia contammo ben sessanta vittime di truci violenze, avvenute sotto gli occhi dei loro familiari. Una delle vittime fu la compagna Lidia, la nostra staffetta. Anche il compagno Paolo, avvicinato con una scusa, fu poi violentato da sette marocchini. I comandi francesi, alle nostre proteste, risposero che era tradizione delle loro truppe coloniali ricevere un simile premio dopo una difficile battaglia".
[...] Solo nell'imminenza del ritorno in Francia, alcuni dei violentatori furono puniti. Un partigiano della brigata rossa "Spartaco Lavagnini" ricorda: "Sei marocchini vennero fucilati sul posto perché avevano violentato una donna. Il capitano (francese n.d.r.) ebbe a dirmi: "Questa gente sa combattere benissimo, però meno ne riportiamo in Francia, meglio è".
Poco prima che i marocchini toccassero il suolo provenzale, i loro comandanti, quindi, avevano deciso di riportarli severamente all'ordine tanto che non si registrarono mai violenze ai danni di donne francesi. Una volta in Germania meridionale, invece, potranno dare nuovamente sfogo ai loro istinti sulle donne tedesche, come riportano alcuni recenti studi. Segno, quindi, che le efferatezze di queste truppe avrebbero potuto essere certamente controllate e disciplinate[84].

Lo scrittore inglese Norman Lewis, all'epoca *Field Security Officer* dei servizi segreti alleati a Napoli, narrò gli eventi di cui fu testimone:

Tutte le donne di Patrica, Pofi, Isoletta, Supino, e Morolo sono state violentate. A Lenola il 21 maggio hanno stuprato cinquanta donne, e siccome non ce n'erano abbastanza per tutti hanno violentato anche i bambini e i vecchi. I marocchini di solito aggrediscono le donne in due – uno ha un rapporto normale, mentre l'altro la sodomizza.

Frédéric Jacques Temple, allora soldato dell'esercito francese, in *Les Eaux mortes*[85] ricorda da parte sua come gli ufficiali francesi fossero perfettamente al corrente di quanto avveniva senza pensare di impedirlo, anzi, fossero testimoni indifferenti, quando non prendevano direttamente parte agli stupri:

---

[84]https://www.blitzquotidiano.it/cronaca-italia/marocchinate-bambini-violentati-sorelle-crocefisse-prete-seviziato-nonna-stuprata-300-soldati-2654027/
[85]Albin Michel, Paris, 1975.

Stesa sui cuscini sventrati, ancora giovane, con la gonna alzata fino al viso, un viso di cenere incorniciato da bei capelli neri. I neri, grandi e grossi, si lavoravano metodicamente quella donna aperta a forza, ora silenziosa e inerte, che aveva da molto tempo smesso di lamentarsi sotto le violente spinte. Nessuna tregua tra un uomo e l'altro. Erano più di cento, con i pantaloni abbassati e la verga in mano, in attesa del loro turno. Un ufficiale se ne stava vicino alla porta.

Quante furono le vittime delle *marocchinate* non è certo, ma nel corso del convegno *Eroi e vittime del '44: una memoria rimossa* tenutosi a Castro dei Volsci il 15 ottobre 2011, il presidente dell'*Associazione Nazionale Vittime delle "Marocchinate"*, Emiliano Ciotti, fece una stima dei numeri delle violenze commesse dall'esercito francese:

Dalle numerose documentazioni raccolte oggi possiamo affermare che ci furono un minimo di 20.000 casi accertati di violenze, numero che comunque non rispecchia la verità; diversi referti medici dell'epoca riferirono che un terzo delle donne violentate, sia per vergogna o pudore, preferì non denunciare. Facendo una valutazione complessiva delle violenze commesse dal "Corpo di Spedizione Francese", che iniziò la proprie attività in Sicilia e le terminò alle porte di Firenze, possiamo affermare con certezza che ci fu un minimo di 60.000 donne stuprate, e ben 180.000 violenze carnali. I soldati magrebini mediamente stupravano in gruppi da due o tre, ma abbiamo raccolto testimonianze di donne violentate anche da 100, 200 e 300 magrebini.

Dunque, tra le 20.000 e le 60.000 donne, di età compresa tra gli 8 e gli 85 anni, sarebbero state stuprate dai coloniali francesi, se si accettano i dati dell'ANVM, anche se le due cifre, come si vedrà sono eccessive per difetto e per eccesso; circa 1.000 uomini vennero sodomizzati e uccisi, molti dei quali tramite impalamento, per aver tentato di proteggere le proprie famiglie. In una relazione degli anni cinquanta si legge:

Circa 60.000 donne oltraggiate solo nella provincia di Frosinone, di cui il 20% affette da sifilide, il 90% da blenorragia; molti i figli nati dalle unioni forzose. Il 40% degli uomini contagiati dalle mogli, l'81% dei fabbricati distrutto, sottratto il 90% del bestiame, gioielli, abiti e denaro.

La cifra di 60.000 donne stuprate tuttavia appare eccessiva: infatti, in risposta all'interrogazione parlamentare del 1952, citata nell'articolo da noi più sopra riportato, l'on. Tessitori, sottosegretario di Stato per il Tesoro affermò alla Camera che

Al Governo italiano, dunque, pervennero 17.386 domande di indennizzo ai sensi questa legge e per la somma che ho già citato, che fu in gran parte liquidata. Le restanti domande, trattandosi di casi minori e quindi anche di importi minori, furono trasmesse all'intendenza di finanza di Frosinone, per un complessivo importo di lire 145.149.042. Da quanto risulta, l'intendenza sta procedendo all'istruttoria ed alla liquidazione.

A queste cifre andavano aggiunte anche le pensioni di guerra per le violenze subite:

Intanto venivano presentate domande alla direzione generale per le pensioni di guerra,
rientrando il caso nell'infortunio civile per evento bellico. Le domande, a tutto il 1951,
furono 7.639. Di esse ne sono state definite, fino a tutto il dicembre 1951, 2860 e sono
in corso di definizione 4.769,

ossia 24.925 casi di stupri e violenze denunciati, senza contare quelli rimasti
ignoti[86].
Tessitori respingeva la cifra di 60.000 stupri, sulla base delle malattie veneree
contratte, stimabili in circa ventimila (!) casi:

Rimane il terzo punto, quello già relativo alle misure di natura igienico sanitaria che
sono state rese e che dovrebbero essere prese. Rilevo in primo luogo un fatto che risulta
dalle cifre che ho indicato e cioè che non si può parlare di 60 mila donne che abbiano
subito violenza: non si arriva nemmeno a 20.000. Una delle due, infatti: o ci dobbiamo
attenere alle domande di pensione e di indennizzo che sono state presentate, o dobbiamo
supporre che circa due terzi delle violentate, anzi più di due terzi, non abbiano creduto
di farsi vive[87].

La cifra di oltre 25.000 casi (di cui 24.925 denunciati) è dunque la più vicina alla
verità.
Sul sito istituzionale dell'Esercito francese inutilmente si cercheranno notizie
sulle violenze inflitte ai civili: semplicemente per i francesi, ancor oggi, non esi-
stono, e, se sono esistite, non hanno una minima importanza; non meritano neppure una parola:

Suite à l'offensive alliée sur la fameuse ligne Gustav, les soldats du général Juin
s'emparent de Castelforte, Ausonia, San Giorgio, Esperia. L'artillerie française est par-
ticulièrement mise à contribution pour dégager le terrain devant l'infanterie et les blin-
dés. Aux images de villes détruites par les bombardements terrestres et aériens se
joignent celles de prisonniers allemands et italiens.
La chute du Mont Cassin le 18 mai et la prise des villes de Pontecorvo et Pico sur la
ligne Hitler ouvrent la route de Rome, qui est libérée le 4 juin. La 1ère DFL, qui a occupé
Tivoli en fin de matinée, fait symboliquement hisser le drapeau tricolore frappé de la
Croix de Lorraine sur le Palais Farnèse, siège de l'Ambassade de France à Rome. Dans
les rues de la Ville éternelle, une foule innombrable ovationne les Alliés[88].

---

[86] *1952: Il caso delle "marocchinate" al Parlamento*:
http://www.cassino2000.com/cdsc/studi/archivio/n07/n07p09.html
[87] Ibid.
[88] Le Corps Expéditionnaire Français en Italie en mai – juin 1944, http://www.ecpad.fr/le-corps-
expeditionnaire-francais-en-italie-en-mai-juin-1944/

Erano i *Liberatori*, quelli buoni, quelli che piacciono all'anpi ed al fratello del commissario Montalbano.

Va aggiunto che la notte del 23 marzo 2018 mani ignote hanno distrutto la stele- nota come *stele della vergogna*- eretta per commemorare i soldati del CEF a Pontecorvo:

La stele di Pontecorvo è stata distrutta durante la passata notte. Il monumento era finito sulle pagine di cronaca per via di una richiesta di rimozione proveniente da Niki Drago- netti, candidato alle passate regionali del Lazio a sostegno di Sergio Pirozzi.

In seguito alla vicenda riguardante la stele dedicata ai paracadutisti tedeschi, che è stata prima inaugurata e poi levata via, Dragonetti aveva invitato l'Anpi a promuovere lo stes- so trattamento per quella che ricordava il passaggio dell'esercito coloniale transalpino.

Quest'altro monumento, infatti, era dedicato all'esercito marocchino. Alla fine della se- conda guerra mondiale, subito dopo lo sfondamento della linea Gustav, i marocchini inquadrati all'interno dell'esercito francese furono lasciati liberi di depredare Cassino e le zone limitrofe. "Le marocchinate", cioè gli episodi di violenza sessuale ai danni di minori, donne e sacerdoti, sono stati resi noti soprattutto grazie a "La Ciociaria", film premio Oscar di Vittorio De Sica, tratto da un romanzo di Alberto Moravia.

In molti, in effetti, consideravano quel monumento un oltraggio alla memoria storica della Ciociaria e dell'Italia intera. Ma della "stele della vergogna", così com'era stata ribatezzata da alcuni, restano ormai solo centinaia di resti.

Lo stesso Dragonetti, attraverso un comunicato stampa, ha disapprovato l'atto vandalico: "Sono anni che i residenti di Pontecorvo ed Esperia chiedono la rimozione di quel mo- numento ai caduti marocchini - ha dichiarato -. E ancora:"Perchè da quelle parti viene considerato un insulto, un'offesa nei confronti di donne, bambini e uomini che hanno dovuto subire le barbarie messa in atto dalle truppe nord africane, alleate ma completa- mente folli. Non c'è famiglia ad Esperia, Pontecorvo, Vallecorsa, Amaseno che non pianga il dolore dell'infamia subita". Un gesto che, per l'esponente politico, sarebbe stato in ogni caso evitabile provvedendo prima. Ad accorgersi della distruzione del monu- mento sarebbero stati i residenti, che avrebbero immediatamente avvertito le forze dell'ordine. Secondo quanto si apprende su *FrosinoneToday*, adesso si starebbe indagan- do per comprendere il movente alla base del gesto: puro vandalismo oppure un'azione scaturita da motivazioni razziali.

La "guerra delle statue" che ha interessato il basso Lazio nelle ultime settimane sembra essere terminata: Cassino non avrà la stele dedicata ai paracadutisti tedeschi. Pontecor- vo, a meno di ricostruzioni, verrà privata del monumento in ricordo dell'esercito colo- niale francese[89].

Un passato che non passa, che non si vuole far passare.

---

[89] G. Aloisi, *"La stele in ricordo dell'esercito marocchino è stata distrutta"*, Il Giornale, 25/0372018, http://www.ilgiornale.it/news/cronache/stele-ricordo-dellesercito-marocchino-stata- distrutta-1508954.html

TAVOLE MAPPE E IMMAGINI

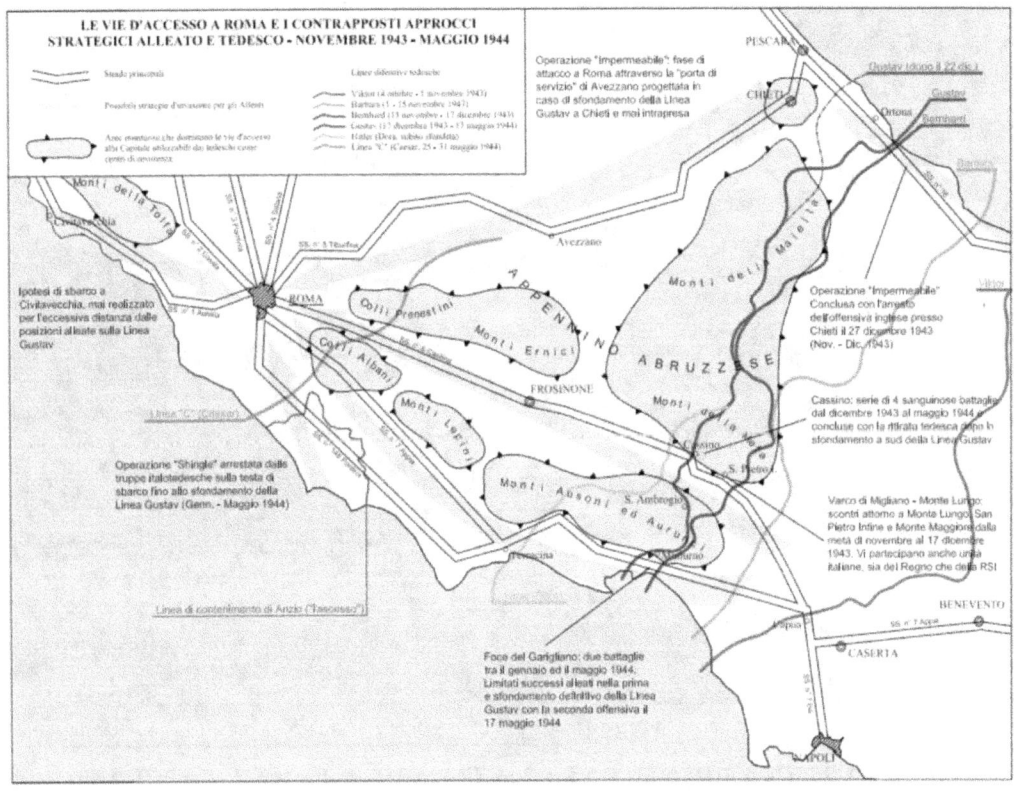

Linea di arresto delle offensive alleate al 27 dicembre 1943

Linea di partenza delle offensive alleate dal 12 ottobre 1943

Monte Lungo - 8 e 16 dicembre 1943.
Prima partecipazione di truppe italiane lealiste al fianco di quelle alleate

Monte Massico - 30 e 31 ottobre 1943.
Prima partecipazione di truppe italiane repubbliche al fianco di quelle tedesche

L'AVVICINAMENTO ALLEATO ALLA LINEA GUSTAV
15 OTTOBRE - 27 DICEMBRE 1943

Direttrici dell'offensiva alleata

Unità alleate ——■—— Limiti di settore US\GB

Unità germaniche alla metà di ottobre

Unità germaniche alla fine di dicembre

0 m s.l.m.
200 m s.l.m.
600 m s.l.m.
1200 m s.l.m.
1800 m s.l.m.
ed oltre

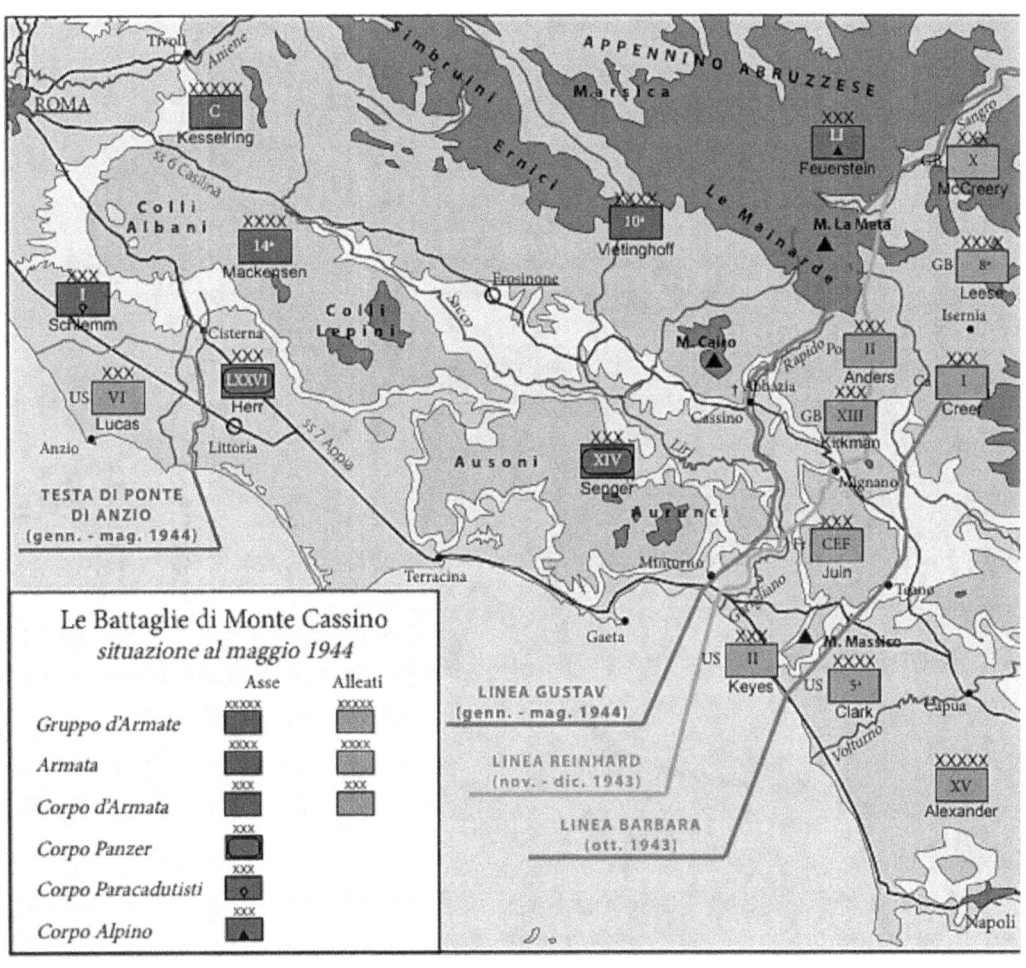

Le Battaglie di Monte Cassino
situazione al maggio 1944

	Asse	Alleati
Gruppo d'Armate		
Armata		
Corpo d'Armata		
Corpo Panzer		
Corpo Paracadutisti		
Corpo Alpino		

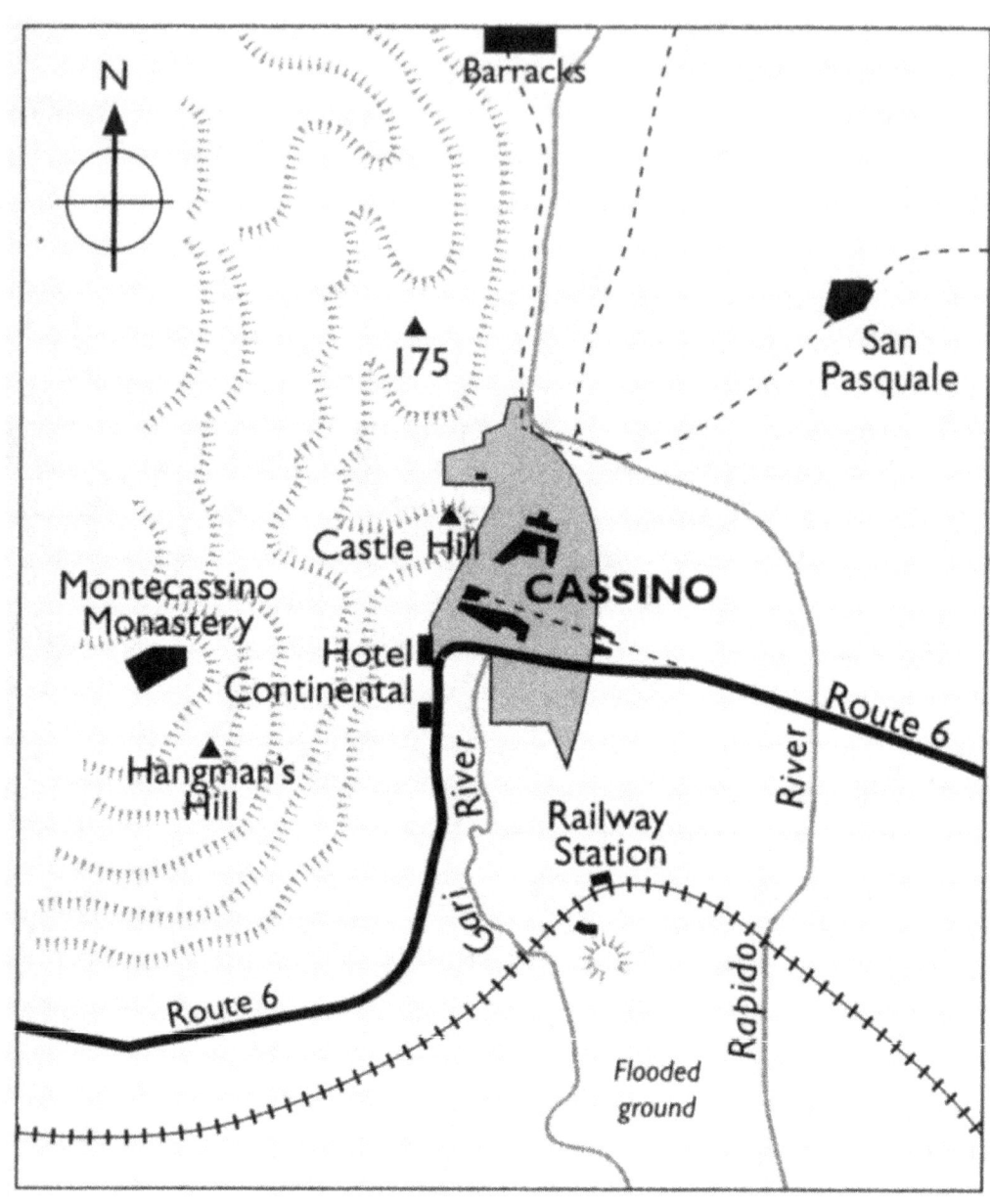

Cassino. I luoghi dei combattimenti

Kesselring sul fronte di Cassino. Il Feldmaresciallo sosteneva che le battaglie si conducono dal fronte, non da dietro una scrivania.

Paracadutisti tedeschi sulla linea Gustav, autunno 1943

Due *Fallschirmjäger* in un momento di pausa. Notare le retine mimetiche di preda bellica.

Un *Fallschirmjäger* osserva la pianura sottostante Monte Cassino

Il colonnello Ludwig Heilmann ed il generale Richard Heidrich. L'ultimo FJ a destra ha un casco coloniale olandese, utilizzato dai paracadutisti tedeschi a Creta.

Il salvataggio dei tesori artistici di Montecassino ad opera della divisione *Hermann Göring*, 17 ottobre 1943: le opere messe in salvo sono portate a Palazzo Venezia.

La tregua del 14 febbraio 1944 tra statunitensi della 36th US Inf. Div. e tedeschi del 200. PzGr Rg e del 4. HGJ

Un barelliere tedesco del 4. *Hochgebjrsjäger* con un barelliere della 36th *Texas*; a terra un caduto tedesco

Amici italiani,

ATTENZIONE!

Noi abbiamo sinora cercato in tutti i modi di evitare il bombardamento del monastero di Montecassino. I tedeschi hanno saputo trarre vantaggio da ciò. Ma ora il combattimento si è ancora più stretto attorno al Sacro Recinto. E venuto il tempo in cui a malincuore siamo costretti a puntare le nostre armi contro il Monastero stesso.

Noi vi avvertiamo perché voi abbiate la possibilità di porvi in salvo. Il nostro avvertimento è urgente: Lasciate il Monastero. Andatevene subito. Rispettate questo avviso. Esso è stato fatto a vostro vantaggio.

LA QUINTA ARMATA.

Volantino lanciato dagli alleati il 14 febbraio 1944 per avvertire del prossimo bombardamento del monastero

Ore 10. 59 del 15 febbraio 1944. Un B 17 sull'abbazia.

15 febbraio 1944. Aerei del 450 Bombing Group bombardano il monastero

L'abbazia distrutta.

Fallschirmjäger tra le rovine dell'abbazia dopo il bombardamento alleato

Il generale Frido von Senger und Etterlin porta in salvo l'abate Gregorio Diamare

Ernst-Günther **Baade**, comandante la *90. Panzergrenadier- Division* a Cassino, in una foto posteriore alla promozione a *Generalmajor*.

Il Feldmaresciallo Kesselring con il generale Heidrich comandante della 1. FJD Heidrich a Cassino, marzo 1944

Marzo 1944, un *Gurkha* durante la terza battaglia di Cassino in una foto posata

Mortaisti neozelandesi in azione

Monte Cassino, paracadutisti tedeschi fatti prigionieri

Cassino, posto di comando dei *Fallschirmjäger* del 3. FJR (cap. Foltin) con uno StuG IV

Un'altra immagine dello stesso posto di comando.

Un *Fallschirmjäger* con MG42

Il colonnello Ludwig Heilmann, comandante del 3. FJR con il Generale Heidrich presso Massa Albaneta, marzo 1944

FJ mortaisti in azione tra le rovine della città.

17 marzo 1944. Una breve tregua per recuperare i feriti delle due parti.

Un postazione di mortai del 3. FJR tra le rovine della città.

Un paracadutista equipaggiato con l'eccellente *Fallschirmjägergewehr* 42.

L'arma standard dei soldati tedeschi rimaneva tuttavia il fucile Mauser K98, veterano delle due guerre mondiali.

Volantino di propaganda tedesco: la strada per Roma è pavimentata con i teschi dei caduti alleati.

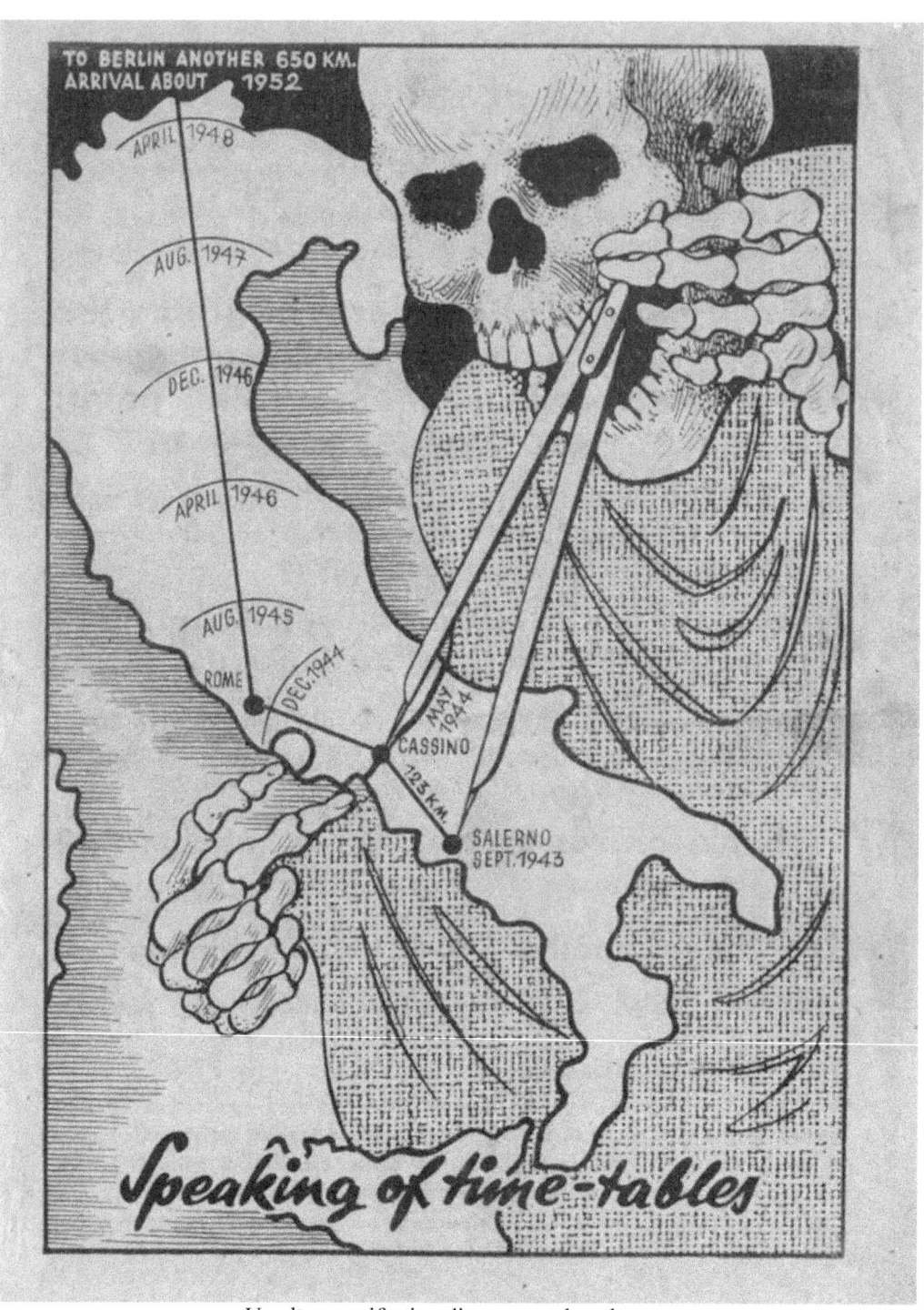

Un altro manifestino di propaganda tedesco.
La morte misura la distanza tra Salerno e Cassino

Le montagne italiane divorano gli eserciti alleati. Volantino tedesco.

Un *Fallschirmjäger* in prima linea

Pezzo contraereo da 7.5 cm Flak 264 3

Cassino durante i combattimenti. La città venne distrutta al 100%

Il Feldmaresciallo Kesselring in ispezione sul fronte di Cassino, aprile 1944.

Due *Fallschirmjäger* consumano il rancio.

Un Pz V *Panther* della 26. *Panzerdivision* presso Cassino

Un *Tabor marocaine* del CEF accampato.

L'equipaggio di uno StuG IV, maggio 1944.

L'ultima resistenza dei Fj tra le rovine.

Ufficiali alleati con una bandiera tedesca catturata.

Maggio 1944. Paracadutisti tedeschi catturati dai polacchi.

Cassino distrutta, con sullo sfondo Montecassino e l'abbazia in rovine.

Il comandante del II° Corpo polacco Władislav Anders ed il suo Stato Maggiore tra le rovine dell'abbazia, 19 maggio 1944.

Il comandante della 5ª Armata Mark Clarck con il comandante del CEF Alphonse Juin.

ORDINI DI BATTAGLIA.

FORZE ALLEATE

XV GRUPPO D'ARMATE

- 23 divisioni
- 6 brigate
- 4 gruppi speciali

Artiglieria e rnezzi corazzati:

- 2.000 cannoni
- 2.300 carri arrnati
- 5.000 mezzi blindati
- 10.000 autocarri

Appoggio aereo:

- 950 bombardieri
- 400 caccia e caccia-bombardieri.

COMANDANTI

Tenente Generale IRA C. EAKER Comandante delle forze aeree alleate del Mediterraneo.

Feldmaresciallo HAROLD ALEXANDER, Earl of Tunis, Comandante in capo delle forze alleate in Italia.

Tenente Generale MARK WAYNE CLARK Comandante della 5aArmata USA.

Feldmaresciallo BERNARD L. MONTGOMERY, Duke of Alamein, Comandante 8a Armata britannica.

Tenente Generale LEESE comandante 8a Armata (successe al FM Montgomery).

Maggiore Generale G. KEYES comandante II° Corpo d'Armata USA.

Maggiore Generale TRUSCOTT Comandante del VI° Corpo d'Armata USA.

Maggiore Generale RYDER comandante 34ª Divisione USA.
Maggiore Generale WALKER comandante 36ª Divisione "*Texas*".

Tenente Generale KIRKMAN comandante XIII° Corpo d'Armata britannico.

Tenente Generale Sir BERNARD FREYBERG Comandante del II° Corpo d'
Armata Neozelandese.

Maggiore Generale TUKER comandante 4ª Divisione indiana.
Brigadiere Generale KIPPENBERGER comandante 2ª Divisione neozelandese.

Tenente Generale WŁADISLAW ANDERS Comandante del II° Corpo d'Armata
Polacco.

Maggiore Generale DUCH comandante 3ª Divisione Fucilieri *Karpathia*.
Maggiore Generale SULIK comandante 5ª Divisione Fanteris *Kresowa*.

Generale ALPHONSE JUIN Comandante del *Corps Expéditionnaire Français*.

Maggiore Generale GOISLARD DE MONSABERT comandante 3ª Divisione di
fanteria algerina.
Brigadiere Generale DODY comandante 2ª Divisione marocchina.
Maggiore Generale SEVEZ comandante 4ª Divisione da montagna marocchina.
Maggiore Generale GUILLAUME comandante il *Groupement des tabors maro-
caines*

Generale VINCENZO CESARE DAPINO comandante 1° Raggruppamento Motorizzato italiano.
Generale UMBERTO UTILI comandante 1° Raggruppamento Motorizzato italiano (successe a Dapino).

FORZE GERMANICHE

– 14 divisioni
– 410 pezzi di artiglieria da campagna
– 200 cannoni da 88 mm.
– 290 carri armati
– 82 semoventi

COMANDANTI

GeneralFeldmareschall ALBERT IL KESSELRING, comandante del gruppo d'armate "C" operante in Italia.

Generale di squadra aerea ALFRED SCHLEMM comandante il I. *Fallschirmjägerkorps*.

Generale FRIDOLIN VON SENGER UND ETTERLIN comandante del XIV. *Panzerkorps*.

Generale delle truppe da montagna VALENTIN FEUERSTEIN comandante LI. *Gebirgskorps*.

Generale HEINRICH GOTTFRIED VON VIETINGHOFF- SCHEEL Comandante 10. *Armee*.

Tenente Generale RICHARD HEIDRICH comandante della 1. *Fallschirmjäger-Division*.
Colonnello SCHARANK comandante della 5. *Gebirgs-Division*.
Maggiore Generale RODT comandante 15.*Panzergrenadier- Division*.
Tenente Generale FRANEK comandante 44ª.*Reichsgrenadier-Division "Hoch und Deutschmeister"*.
Tenente Generale E. G. BAADE comandante 90. *Panzergrenadier- Division*.
Colonnello HEILMANN comandante del 3. *FJ- Regiment*.
Capitano FOLTIN comandante del II. / 3. *FJ- Regiment*.

FORZE TEDESCHE PRESENTI NEL LAZIO, GENNAIO 1944

Tra Tarquina e Roma:

KG *von Bohr* (elementi della 90 *Pz.Gren.Div.*)
II/*Pz.Gren.Rgt.* 200
III/*Pz.Art.Rgt.* 190
FEB 190

Tra la foce del Tevere e Astura:

I *Fsch.Jg.Korps*
LW-Pi.Btl. 22 (2 compagnie).
29. *Pz.Gren.Div.*
II/*Pz.Gren.Rgt.* 71
9/*Art.Rgt.* 29
2/*Pz.Pi.Kp.*

Tra Astura e Terracina:

29. *Pz.Gren.Div.*
Pz.Aufkl.Abtl. 129

Colli Albani:

Pz.Kp. (*Tiger*) *Schwebbach*
una batteria *Stu.Abtl.* XI *Fl.Korps* (semoventi it. da 75/18)
una *leichte Flak.Bttr.*

Dintorni di Roma:

4. *Fsch.Jg.Div.*
Stab
Fsch.Jg.-Sturm-Rgt. (I, II, III)
Fsch.Jg.Rgt. 10 (II, III)
Fsch.Jg.Rgt. 11 (I, II)
Pak Bttr. (12 3.7cm Pak)
Art.Abtl. XI *Fl.Korps* (1. e 2. *Bttr.*, ognuna con 4 LG2)
Fsch.Jg.-Lehr-Btl.
Pol.Btl.-Bozen

FEB Hermann Göring

Sul Garigliano, alle dipendenze del 10. AOK:

I *Fsch.Jg. Korps*
29. *Pz.Gren.Div.* (tranne *Aufkl.Abtl.* 129)
90. *Pz.Gren Div.* (tranne II/*Pz.Gren.Rgt.* 200, III/*Pz.Art.Rgt.* 190 e *FEB* 190)[90]

---

[90]Colloredo, *Südfront*, cit., pp. 187 segg.

ORDINE DI BATTAGLIA TEDESCO A CASSINO, MAGGIO 1944

10. ARMEE

s.*PzJg Abt* 525 (*Nashorn*)
s.*Art Abt* 557 (17K18)
s.*Art Abt* 988 (22M)
StuG Bde 907
StuG Bde 720 ? (Semoventi M 43 105/25)
Nebel-Lehr-Werfer Abt.

LI.Gebirgskorps

5. *Gebirgsjäger- Division*
85 / 100 *GJR*
95.*AR*
3.*Hoch-Geb. Btl*

Kampfgruppe von Ruffin
II/100.*GJR*
Hoch-Geb. Btl 4
134.*GR* (44.ID *Hoch und Deutschmeister*) ?

1. *Fallschirmjäger- Division*
1.*FJR* (riserva)
3.*FJR* (N.O / Cassino)
4.*FJR* (Cassino e Monte Cassino)
1.*AR*
1.*MG Btl*
1.*Flak Abt*
242.*StuG Bde*

Kampfgruppe Bode (Valle del Liri)
I e II/576.*GR* (305.ID)
A.A[91].305 (305.ID[92])

---

[91] A.A.: *Aufklarung Abteilung*, unità esplorante
[92]Circa la 305 ID sembra che solo il 576.*Gren Rgt* fosse inquadrato nel *Kampfgruppe* Bode (composto da unità della 44.ID *Hoch und Deutschmeister*), tmentre il resto della divisione era di riserva.

132. *GR* (44.ID HuD) ?
96. .*AR* (-) (44.ID HuD) ?

XIV.Panzerkorps

71. Infanterie-Division (Monte Majo - Castelforte)
191 / 194 / 211. *GR*
171..*AR*
KG Nagel (Sant'Ambrogio - Monte Faito)
131. *GR* (44.ID HuD)
44.*A.A.* (44.ID HuD) (Sant'Andrea)
171.. *A.A.* (Monte Faito)
II/115.*PGR* (riserva / Vallemaio)
733.*Art Abt* (105H) (Faito)
III/96.*AR* (105H) (Girofano)
III/33.*AR* (150H) (Sant'Ambrogio)
764.*Art Abt* (170K) (Esperia)

94.Infanterie-Division (da Santa Maria Infante al mare)
267 / 274. *GR*
194. *AR*

15. Panzergrenadier-Division (riserva)
104 / 115. *PGR* (3 btgg)
115.*PzAufkl Abt.*
33..*AR* (3 btgg)
315..*Flak Abt*

Riserve:
115.*Pz.A.A.* + I/115. *PGR* (Pico)
818. *Geb-Pi.Btl* (Monte Petrella)
104. *PGR* + I/33. AR (15..*PzGren Div*) (Itri - Fondi)
276. *GR* (94.ID) (Itri - Fondi)

90. Panzergrenadier-Division (15 maggio: 200.PGR ad Ausonia)
200 / 361. *PGR*
190. *AR*
293.*Flak Abt*

26. Panzer-Division (18 maggio: 1 KG arrivato sulla linea *Dora*)
9 / 67. *PGR* + alcuni Pz V *Panther* (26. PzR)
93.*AR*

93. *PzPi. Btl*
304. *Flak Abt*

305. *Infanterie-Division*
578. (21 maggio - Ceprano) / 577. *GR*
305..*Aufkl Abt.*
305. *AR*
334. *Aufkl Abt.* (334.ID)
334..*Pi Btl* (334.ID)
 + unità della 114.ID ?

Heeres-Pionier-Bataillon 60 (mot) (24 maggio - Ceprano)
3./s.*Pz Abt* 508 (16 *Tiger*) (23 maggio)
56. *NW Rg*t (II./III.)
1027.*GR* ?

ORDINE DI BATTAGLIA ALLEATO IN ITALIA, MAGGIO 1944.

Headquarters Allied Armies in Italy

V Corps
4 *Indian Infantry Division*
10 *Indian Infantry Division*
'D' Force
23 B*ritish Armoured Brigade*
7 *British Armoured Brigade* (non ancora giunta)

FIFTH ARMY

Headquarters 4 United States Corps
36 *United States Infantry Division* (in riserva d'armata; col *6 United States Corps* il 22 maggio)

II United States Corps
85 *United States Infantry Division*
88 *United States Infantry Division*
1 *United States Armoured Group*

VI United States Corps
1 *United States Armoured Division*
3 *United States Infantry Division*
34 *United States Infantry Division*
45 *United States Infantry Division*
1 *British Infantry Division*
5 *British Infantry Division*
1 *Special Service Force*

Corps Expéditionnaire Français
1 *Division de marche d'infanterie*

2 *Division d'infanterie marocaine*
3 *Division d'infanterie àlgerienne*
4 *Division marocaine de montaigne*

Groupement des Tabors Marocains
1, 3, 4 *Groupes de tabors marocains*

2 *United States Armoured Group*

EIGHTH ARMY

6 *South African Armoured Division* (tranne la *12 South African Motor. Brigade*)

X Corps
2 *New Zealand Division*
12 *South African Motor Brigade*
24 *Guards Brigade*
2 *British Independent Parachute Brigade*
Hermon Force (*King's Dragoon Guards*, 12 *Lancers*)
I *Raggruppamento motorizzato italiano*

XIII Corps
6 *British Armoured Division*
4 *British Infantry Division*
78 *British Infantry Division*
8 *Indian Infantry Division*
1 *Canadian Armoured Brigade*
1 *Guards Brigade*

I Canadian Corps
5 *Canadian Armoured Division*
1 *Canadian Infantry Division* (sotto il 13 *Corps* fino al 16 maggio)
25 *British Tank Brigade*

II Polish Corps
3 *Carpathian Infantry Division*
5 Kresowa *Infantry Division*
2 *Polish Armoured Brigade*[93]

---

[93]Colloredo, *Südfront*, cit., pp. 189.

PERCENTUALI UFFICIALI DEI DANNI SUBÌTI DAI COMUNI DEL CASSINATE DALL'8 SETTEMBRE 1943 AL MAGGIO 1944.

L'attenzione posta sugli eventi militari spesso porta a tralasciare il peso che questi eventi ebbero sulle popolazioni e sui luoghi che ne furono teatro. Elenchiamo i dati percentuali delle distruzioni subite dai comuni interessati ai combattimenti sulla linea Gustav. I danni sono quantificati a partire dall'armistizio: ovviamente la stragrande maggioranza delle distruzioni si ebbe tra il dicembre 1943 ed il maggio 1944[94].

Il numero delle vittime civili al contrario fu abbastanza contenuto laddove venne applicato l'ordine di Kesselring del 30 ottobre 1943 di sgombero delle zone di prima linea ,Hauptkampflinie (HKL), la linea di combattimento principale.

Cassino	100%
Piedimonte S. Germano	100%
Pontecorvo	100%
S. Biagio Saracinisco	100%
Villa Santa Lucia	100%
Cervaro	98%
S. Pietro Infine	98%
Spigno Saturnia	98%
Vallemaio	96%
Viticuso	96%
Acquafondata	95%
Atina	95%
Belmonte Castello	95%
Castelforte	95%
Castelnuovo Parano	95%
Picinisco	95%
S. Ambrogio s. Garigl.	95%
S. Andrea	95%
S. Apollinare	95%
SS. Cosma e Damiano	95%
Vallerotonda	95%
Pignataro Interamna	93%
Ausonia	92%
Esperia	92%
S. Elia Fiumerapido	91%
S. Vittore del Lazio	91%

---

[94]Cifre tratte da Pistilli, cit., p.160.

Terelle	91%
Aquino	90%
Coreno Ausonio	90%
Itri	90%
S. Giorgio a Liri	89%
Formia	85%
Mignano Montelungo	85%
Ceprano	80%
Gaeta	80%
Rocca d'Evandro	80%
Filignano	70%
Villa Latina	70%
Fontechiari	60%
Pico	60%
Roccasecca	60%
S. Giovanni Incarico	60%
Broccostella	50%
Casalattico	50%
Casalvieri	50%
Castrocielo	50%

CRONOLOGIA.

1943

10 Luglio
Sbarco angloamericano in Sicilia.

25 Luglio
Il Gran Consiglio del Fascismo destituisce Mussolini che viene arrestato; il maresciallo Pietro Badoglio è nominato nuovo capo del governo.

3 Settembre
A Cassibile, in Sicilia, il generale Castellano, plenipotenziario del governo italiano, firma l'armistizio con gli alleati. Sbarco in Calabria degli angloamericani.

8 Settembre
Viene annunciata alla radio la firma dell'armistizio con gli alleati.

9 Settembre
Sbarco alleato a Salerno.

11 Settembre
L'Italia è dichiarata dai tedeschi territorio di guerra.

14- 17 ottobre
I tedeschi salvano i tesori artistici custoditi nell'Abbazia di Montecassino, consegnandoli al Vaticano.

22 Ottobre
L'8a Armata inizia l'attraversamento del fiume Trigno, che si concluderà il 3 novembre.

29 Ottobre
Il btg. bersaglieri volontari M *"B. Mussolini"*, primo reparto italiano ad entrare in linea dopo l'armistizio, inquadrato nella 3. *Panzergrenadier-Division* riceve il battesimo del fuoco a Monte Massico.

5 Novembre
La 5a Armata USA lancia nel suo settore una serie di azioni nel tentativo di sfondare la linea *Bernhard*, ultimo baluardo tedesco prima della Linea *Gustav*.

15 Novembre

Pattuglie della 78a divisione britannica riescono ad attraversare il fiume Sangro e a costituire piccole teste di ponte sulla riva settentrionale.

24 Novembre
Il XIII° Corpo britannico occupa Alfedena e Castel di Sangro.

28 Novembre
Inizia la battaglia del basso Sangro, che durerà fino ai primi di dicembre.

5 Dicembre
Nel settore dell'Ottava armata britannica, il V° Corpo preme su Ortona, mentre l'8a divisione indiana passa il fiume Moro.

6 Dicembre
La divisione inglese occupa la cima del monte Camino, mentre iniziano i combattimenti per il possesso del monte La Defensa. Nel settore adriatico la 1a divisione canadese attraversa il fiume Moro e violenti scontri fra inglesi e tedeschi avvengono tra Guardiagrele e Orsogna.

7 Dicembre
La 5a armata statunitense inizia la seconda fase delle operazioni per lo sfondamento della linea *Reinhard*: le unità alleate si muovono verso San Pietro e in direzione del monte Sammucro, mentre i tedeschi iniziano a ritirarsi dal monte La Defensa.

8 Dicembre
Nel settore occidentale continua la battaglia del II° Corpo per la conquista delle posizioni intorno a San Pietro. Il 1° Raggruppamento Motorizzato italiano inquadrato con gli alleati entra in linea.

15 Dicembre
La 5a armata USA attacca la Linea *Reinhard*. Particolarmente violenta la battaglia per San Pietro, dove è impegnato il II° Corpo. Nel settore in cui opera la 45a divisione si inizia l'attacco alle alture che dominano il torrente La Rava a sinistra e contro Lagone a destra.

16 Dicembre
La 36a divisione *Texas* ed il 1° Raggruppamento Motorizzato italiano conquistano Montelungo mentre continuano gli attacchi verso San Pietro Infine.

17 Dicembre
I tedeschi si ritirano da San Pietro Infine tallonati dalle unità americane del II° Corpo che al mattino entrano nell'abitato distrutto. Dopo il tramonto unità della

45a divisione conquistano il monte La Posta senza incontrare resistenza, mentre i tedeschi si ritirano anche dal monte Pantano. Sul fronte adriatico Kesselring visita la prima linea del fronte e ordina di bloccare la penetrazione nemica ad Ortona.

19 Dicembre
Il battaglione *Royal Canadien* conquista l'importante Quadrivio *Cider*, aprendo la strada d'ingresso a Ortona.

20 Dicembre
A causa della lenta avanzata contro le linee tedesche e l'insufficienza di forze da sbarco l'operazione anfibia della 5a Armata sulla costa tirrenica viene annullata. Continuano gli attacchi per occupare il versante occidentale del monte Sammucro.

22 Dicembre
La battaglia di Ortona si fa sanguinosa, con i paracadutisti tedeschi che resistono casa per casa e i reparti della 1a divisione canadese costretti a subire una specie di guerriglia urbana cui non sono abituati, e che meriterà alla cittadina il soprannome di *Stalingrado d'Italia*.

27 Dicembre
I *goumiers* marocchini del *Corps Expéditionnaire Français* prendono il monte Marrone: le montagne delle Mainarde sono in mani alleate.

28 Dicembre
Le truppe canadesi occupano definitivamente la città di Ortona

31 Dicembre
Il Maresciallo Montgomery viene richiamato in Gran Bretagna per prendere il comando del 21° Gruppo d'armate destinato allo sbarco in Normandia; il comando dell'8a Armata passa al generale Oliver Leese.

1944

2 Gennaio
Il Maresciallo Alexander, comandante del 15° Gruppo di armate stabilisce che lo sbarco nei pressi di Anzio (Operazione *Shingle*) debba avvenire tra il 20 ed il 31 gennaio, preceduto da un deciso attacco verso Cassino.

Prima battaglia di Cassino (12 gennaio- 12 febbraio)

12 Gennaio
Inizia l'offensiva aerea alleata per preparare lo sbarco ad Anzio. Nel settore in cui opera il *Corps Expéditionnaire Français*, la 3ª divisione algerina e la 2ª divisione marocchina iniziano gli attacchi verso Sant'Elia Fiumerapido.

15 Gennaio
Viene occupato il monte Trocchio, ultimo ostacolo al raggiungimento del fiume Gari da parte alleata.

19 Gennaio
Il X° Corpo britannico attacca la 94a divisione tedesca tra Sant'Ambrogio e il Tirreno attestandosi oltre il fiume Garigliano.

20 Gennaio
Continuano ad espandersi le teste di ponte sul Garigliano, mentre nel settore del II° Corpo americano la 36ª divisione Texas *occupa* la riva meridionale del Gari incontrando una dura resistenza tedesca quando tenta di attraversarne le acque; dopo due giorni di duri combattimenti contro la 1. *Panzergrenadier- Division*, gli attaccanti vengono respinti con pesantissime perdite.

22 Gennaio
Operazione *Shingle*: statunitensi e britannici sbarcano sulle spiagge tra Anzio e Nettuno creando una testa di ponte, che non riusciranno però ad espandere.

24 Gennaio
La 34a divisione USA sferra un attacco sul fiume Rapido, a nord di Cassino, in modo da aggirare la cittadina e raggiungere la statale 6 Casilina.

25 Gennaio
Il *Corps Expéditionnaire Français* conquista il colle Belvedere.

26 Gennaio
I fucilieri tunisini conquistano il colle Abate; nuovo attacco della 34a divisione americana sul Rapido con la costituzione di una piccola testa di ponte a nord di Cassino.

27 Gennaio
Nel settore del X° Corpo la 46a divisione punta in direzione del monte Fuga, mentre i tunisini sono costretti dalla controffensiva tedesca a lasciare il colle Abate.

29 Gennaio

Il 168° reggimento della 34a divisione USA rinforzato con carri armati ed artiglieria avanza verso le Quote 156 e 213, occupate stabilmente all'alba del giorno successivo.

31 Gennaio
I coloniali francesi riconquistano il colle Abate, mentre il 168° reggimento della 34a divisione USA conquista Caira e punta verso il monte Cairo; nel settore del X Corpo il monte Purgatorio viene raggiunto dalla 138a brigata della 46a divisione.

1 Febbraio
La 34a divisione USA conquista il monte Castellone (Quota 771) e il colle Maiola (Quota 481) avanzando molto lentamente verso Cassino a causa dei violenti contrattacchi tedeschi.

4 Febbraio
Nel settore di Montecassino, il 135° reggimento della 34a divisione USA raggiunge Quota 593 (la cosiddetta *Snake's Head Ridge*), a poche centinaia di metri dall'abbazia; più a nord il 168° reggimento conquista il Colle Sant'Angelo, che viene perso dopo un forte contrattacco tedesco.

6 Febbraio
Gli statunitensi del 135° reggimento ritentano la conquista di Quota 593.

7 Febbraio
Il X° Corpo britannico lancia un attacco senza esito in direzione del monte Faito, nel tentativo di conquistare le montagne dietro Castelforte ed aprirsi un varco verso la valle del Liri.

8 Febbraio
La testa di ponte stabilita dai reparti del X° Corpo a nord del Garigliano raggiunge la massima profondità con la 46a divisione britannica attestata su una vasta area a nord-est di Castelforte; il II° Corpo USA avvia un nuovo attacco per raggiungere la Casilina, che però fallisce subito.

11 Febbraio
I nuovi e inutili tentativi di raggiungere la Casilina da parte del II° Corpo, compreso quello di impadronirsi del monastero di Montecassino da parte del 168° reggimento della 34a divisione, concludono la Prima battaglia di Cassino, che vede il successo difensivo dei tedeschi.

12 Febbraio
Il II° Corpo americano viene sostituito dal Corpo neozelandese del generale

Freyberg; il settore della 34a divisione passa alla 4a divisione indiana del generale Tuker, mentre la 2a divisione neozelandese dà il cambio alla 36a divisione americana.

Seconda battaglia di Cassino (15-18 febbraio)

15 Febbraio
L'abbazia di Montecassino viene bombardata con 400 tonnellate di bombe sganciate da 142 "fortezze volanti" e da 87 bombardieri medi e completamente distrutta.

17 Febbraio
I monaci superstiti vengono evacuati da Montecassino dalle autorità militari tedesche e condotti a Roma; nella notte unità della 4a divisione indiana danno l'assalto a Quota 593.

18 Febbraio
I neozelandesi, dopo aver occupato la stazione di Cassino, sono costretti al ripiegamento dall'arrivo dei carri tedeschi. La seconda battaglia di Cassino si conclude con l'ennesimo fallimento alleato.

20 Febbraio
La 1. FJD del generale Heidrich comincia a sostituire la 90. *Panzergrenadier* nel settore di Montecassino.

21 Febbraio
Il generale Freyberg dirama un nuovo piano d'attacco contro Montecassino.

26 Febbraio
Il generale Heidrich assume il comando del settore di Cassino, la cui difesa è affidata al 3. FJR del colonnello Heillmann, appartenente alla 1. FJD.

Terza battaglia di Cassino (15- 24 marzo).

15 Marzo
Bombardamento su Cassino con 300 bombardieri pesanti e 200 medi che in tre ore e mezzo sganciano mille tonnellate di esplosivo sulla città.

16 Marzo
Continuano i tentativi da parte delle truppe neozelandesi della 2a divisione e di quelle indiane della 4a divisione di conquistare Cassino e Montecassino, ma vio-

lenti contrattacchi tedeschi contengono gli assalti.

17 Marzo
Unità del Corpo neozelandese penetrano nella parte orientale di Cassino conquistando la stazione ferroviaria, ma senza riuscire a proseguire oltre.

18 Marzo
Fallisce il primo tentativo tedesco di riconquistare la stazione di Cassino.

24 Marzo
Si conclude la terza battaglia di Cassino: Alexander decide di sospendere gli attacchi frontali contro la Linea *Gustav*.

26 Marzo
Cambiamenti nello schieramento delle unità alleate sulla Linea Gustav: l'8a armata britannica assume il controllo dei settori fino ad ora riservati al CEF e al Corpo neozelandese, che viene sciolto; il V Corpo britannico è chiamato a presidiare il settore compreso tra Palena e la costa adriatica.

29 Marzo
Nel settore del Garigliano il X° Corpo britannico viene rilevato dal Corpo di spedizione francese e dal II° Corpo statunitense che prende posizione sulla costa tirrenica, all'estrema sinistra dello schieramento alleato.

27 Aprile
Il II° Corpo polacco di Anders assume il comando del settore di Montecassino sostituendo il XIII° Corpo britannico.

Quarta battaglia di Cassino (11- 18 maggio).

11 Maggio
Inizia l'Operazione *Diadem* che punta ad arrivare sulla via Casilina tramite lo sfondamento del fronte sull'ala destra della 10.*Armee*.

12 Maggio
Sull'alto Garigliano, l'8° reggimento di tiratori marocchini prende il monte Faito, mentre nel settore di Montecassino i reparti polacchi del generale Anders giungono fino ai piedi dell'abbazia, ma sono respinti dai paracadutisti tedeschi con ingenti perdite e costretti ad arretrare sulle posizioni di partenza.

13 Maggio
La 2a divisione marocchina conquista i monti Garofano e Maio aprendo così la strada per Roma; la 4a divisione marocchina e la 3a divisione algerina penetrano

nella Linea *Gustav*, conquistando rispettivamente il monte Ceschito e Castelforte; verso sera la 1a divisione marocchina raggiunge il Liri.

14 Maggio

L'88a divisione statunitense conquista Santa Maria Infante; la 78a divisione riesce ad attraversare il fiume Gari nei pressi di Sant'Angelo in Theodice, mentre 12.000 fra marocchini ed elementi della 4a divisione da montagna francese attaccano in direzione del monte Petrella, sui monti Aurunci.

15 Maggio

La 78a divisione inglese raggiunge la strada Cassino-Pignataro, mentre più a sud la 1a divisione motorizzata francese entra a San Giorgio al Liri; la 3a divisione algerina occupa Ausonia.

16 Maggio

Nel settore meridionale della Linea *Gustav*, l'88a e l'85a divisione americana inseguono le unità della 94a divisione tedesca che si ritirano verso nord-ovest; i reparti del *Corps Expéditionnaire Français* occupano in rapida successione i monti Petrella e Revole nel gruppo dei monti Aurunci; a sud di Cassino il I° Corpo canadese attacca in direzione di Pontecorvo sulla Linea *Dora*; poco più a nord, la 78a divisione inglese avanza verso Piumarola.

17 Maggio

L'85a divisione USA raggiunge Formia; nel settore francese gli algerini conquistano Esperia; nel settore di Cassino il II° Corpo polacco conquista Colle Sant'Angelo e Terelle; nella notte inizia la ritirata tedesca da Montecassino.

18 Maggio

Il 12° reggimento polacco *Podolski* prende d'assalto l'abbazia di Montecassino, che è stata evacuata dai paracadutisti tedeschi: alle 10,30 la bandiera polacca sventola sulle rovine.

19 Maggio

Occupazione statunitense di Gaeta; l'88a divisione USA occupa anche Itri.

23 Maggio

Massiccio attacco alleato contro le postazioni tedesche nel settore di Anzio-Nettuno.

25 Maggio

I polacchi espugnano Piedimonte; l'8a Armata avanza lungo la Casilina verso Roma, mentre il II° Corpo d'Armata USA, risalendo la costa tirrenica, si ricongiunge con il VI° Corpo.

30- 31 maggio
Il 15. *Panzergrenadier-Regiment* dopo aver resistito da solo contro sei reggimenti statunitensi delle divisioni 85ª e 8ª abbandona la linea *Dora*.
Nel frusinate si moltiplicano stupri e saccheggi da parte delle truppe del CEF.

1 giugno.
Fallisce il tentativo statunitense di intrappolare le forze tedesche a Valmontone.

4 Giugno
Unità della 5ª Armata USA entrano a Roma, già dichiarata *città aperta* da Kesselring ed evacuata dai tedeschi[95].

---

[95]La cronologia si ispira a quella riportata nel volume di Ronchetti e Ferrara, cit., pp. 54 segg., pur con numerosi emendamenti, aggiunte, correzioni e tagli.

Mitragliere del II° Corpo polacco armato di *Bren* Mk II appostato tra le rovine di Cassino, maggio 1944.

APPENDICI.

RAPPORTO N. 450 DELL'*INTELLIGENCE CORPS* SULL'INTERROGATORIO DELL' *OBERSTLEUTNANT* REINHARD- KARL EGGER, COMANDANTE DEL 4. *FALSCHIRMJÄGER-REGIMENT* A CASSINO.

E' un documento interessantissimo per comprendere la psicologia e la mentalità dei combattenti dei Fallschirmjäger. In questo caso si tratta del Oberstleutnant Egger, comandante il 4. FJ Regiment. Egger, austriaco, era nato nel 1906 a Klagenfurt in Carinzia. Entrato nell'esercito austriaco nel 1929, divenne ufficiale delle truppe da montagna; dopo l'Anschluss Egger combatté in Polonia, dove ottenne la Croce di ferro di II e I classe; alla fine del 1940, dopo la campagna di Francia, passò nella Luftwaffe entrando nei paracadutisti e combattendo a Creta, in Russia- dove ebbe la Deutsches Kreuz im Gold- poi in Sicilia, dove ottenne la Ritterkreuz, e nella campagna d'Italia, in cui ricevette il comando del reggimento con il quale combatté a Cassino guadagnandosi l'Eichenlaube.

Rapporto n. 450 dell'*Intelligence Corps*

Il Ten. Col. Egger (Reinhard) è un eccentrico austriaco di considerevole vitalità e decisione, e di incredibile candore.

Soldato professionista con 13 anni di servizio, il colonnello ha, per sua stessa ammissione, visto in faccia la morte molte volte ma appare, nonostante queste esperienze, alquanto più giovane dei suoi 38 anni. Ciò è parzialmente dovuto alle sue eccellenti condizioni fisiche; è stato giocatore internazionale di hockey per la Germania e un eccellente sciatore e sky-jumper. Ha anche praticato boxe a livello amatoriale, come ha confidato alla sua scorta, quando questi dubitarono sull'esito positivo di una fuga.

Nonostante il suo forte orgoglio regionale per la terra tirolese [sic! Egger era carinziano, ndA] da dove proviene (nei pressi di Klagenfurt), si considera per prima cosa un tedesco ed il suo orgoglio per la razza tedesca si basa sulle solite fandonie che circolano nel Reich, seppure il colonnello non sia membro del partito. Come persona è estremamente pieno di sé e risoluto, e (ciò) puó essere notato in ogni occasione in cui ci si riferisce alla sua amata 1ª Divisione Paracadutisti e le occasioni in cui ha combattuto: *Noi Paracadutisti siamo l'*elite.

Per un equilibrato e affidabile soldato la sua stabilità emotiva sembra alquanto adolescenziale.

Mentre usciva per il suo primo pasto all'aperto, dopo 10 giorni, durante i quali le sue conversazioni si erano limitate alle azioni dei Paracadutisti a Cassino, improvvisamente si fermò ed esclamò: *Accidenti, che disgrazia essere qui. Cosa penserà Heidrich quando saprà ciò?* poi più drammaticamente: *Devo tornare alla mia unità.*

Accese, poi, una sigaretta e salì in macchina. Tenuto conto dell'incrollabile convinzione di Egger che la Germania vincerà la guerra, ed il suo totale assorbimento in questioni militari, è interessante notare che intende diventare uno scultore professionista dopo la guerra. Sulla scena futura dell'arte ritiene ci sia poco spazio per i pittori austriaci, se non come imbianchini.

Il 30 luglio, due notti dopo la divertente e beona festa di compleanno per il Generale di Divisione Heidrich (alquanto interrotta da noi), il colonnello Egger, avendo lasciato la sua auto ed autista in dietro, stava camminando in un bosco nella zona di Pontassieve in cerca del comando del colonnello Heilmann (3° Reggimento Paracadutisti), la Divisione Paracadutisti era stata appena rilevata dal fronte. Improvvisamente sei partigiani italiani sono apparsi come dal nulla e lo hanno trascinato via verso il loro comando dove è stato perquisito da un ufficiale comandante dei partigiani, un inglese, e avvisato che sarebbe stato tenuto in ostaggio e non sarebbe stato fucilato. Per compagnia avrebbe avuto altri due tedeschi, un soldato di fanteria ed un lavoratore dell'Organizzazione *Todt*.

Dal 30 luglio al 7 agosto questo piccolo gruppo ha girovagato fra le montagne di Prato Magno, mangiando quello che trovavano in giro, con una dieta interamente a base di frutta per quanto concerne i prigionieri.

La notte fra il 7 e l'8 agosto, approfittando della confusione causata da un carro alleato nelle vicinanze, Egger si è dileguato e da allora fino al 10 agosto ha girovagato cercando le sue linee.

Il destino non gli ha sorriso ed è stato catturato dal 3*W*[*elsh*] *G*[*uards*] in una poco dignitosa posizione sotto un albero da frutto a poche centinaia di yarde dalla sua meta.

Nato in Carinzia, in Austria, nel 1906, Egger fino all'età di 25 anni, ha studiato in varie scuole e tra il 1931 e 1932 ha trascorso due anni in Norvegia studiando la scultura in vista di una carriera artistica. Tuttavia, nel 1932 fu accolto quale ufficiale nell'Esercito Austriaco prestando servizio nel I° Battaglione *Hochgebirgsjager*, un'unità da montagna d'*elite* e dove ha rappresentato l'Austria sia sugli sci che sui pattini. Dopo l'annessione è rimasto nell'esercito Tedesco quale Tenente, prestando servizio nella 4. Divisione da Montagna durante la campagna di Polonia, dove si guadagnò la Croce di Ferro di Prima e Seconda Classe.

Dopo un ruolo di poco rilievo nella Battaglia per la Francia, insieme ad un suo camerata, Tenente Heilmann, si offrì volontario per prestare servizio nei paracadutisti e dopo il corso furono entrambi assegnati al 1° Reggimento Paracadutisti, che nel maggio 1941 fece il suo primo lancio su Creta.

Qui Egger si distinse nei feroci combattimenti che costarono la vita a tanti suoi compagni e per i suoi *exploit*, qui e sul fronte russo, dove trascorse dal 1941 al

1942, fu insignito della Croce d'Oro Tedesca.

Il suo secondo ed ultimo lancio al fronte fu in Sicilia nel 1943, quale Capitano e Comandante di Battaglione e dall'Aprile (successivo), come Tenente Colonnello Comandante del 4° Reggimento Paracadutisti. Dal 1940 è stato lievemente ferito 7 volte ed ha avuto la malaria per altre 4, ma dopo le battaglie di Ortona e Cassino esaurì la sua dose di fortuna. Per il successo del suo compito nella difesa del Colle del Monastero fu insignito delle Fronde di Quercia oltre alla Croce di Cavaliere guadagnata in Sicilia.

Le opinioni del prigioniero di guerra sulle truppe alleate sono interessanti, anche se non sorprendono.

Le truppe britanniche erano considerate eccellenti, ma si meravigliava della loro carenza di iniziativa dimostrata nello sfruttare i successi ottenuti.

Questa era (anche) una critica generale verso i soldati alleati.

Parimenti reputava i neozelandesi ed i canadesi, ponendo un'enfasi sulle loro capacità di attacco più che difensive: gli indiani mostrano grande impeto nell'attacco ma spesso si fanno prendere dal panico quando si confrontano con situazioni inattese, e non li reputava all'altezza dei *goumiers* marocchini, per i quali mostrava un evidente riluttante rispetto.

Come tutti i prigionieri di guerra tedeschi, sosteneva che la nostra immensa superiorità di mezzi e materiali fosse stata la chiave dei nostri successi e sosteneva che ciò non fosse davvero giusto, niente è giusto in guerra (*kein richtiger Kampf*).

Dopo aver ammesso che il traffico non poteva circolare di giorno per via della nostra attività aerea, disse che ciò era una cosa buona perché così si usava meno benzina, e comunque avevano meno perdite dai bombardamenti notturni. In seguito ha detto che una volta la *Luftwaffe* aveva bombardato il suo reggimento a Roccasecca, uccidendo 6 (soldati) e ferendone 19 e da allora non aveva visto più un aereo tedesco.

La superiorità delle armi individuali tedesche non richiedeva commenti tranne che l'alto volume di fuoco dell'MG che era abusato dalle truppe in verde (si riferisce ai paracadutisti tedeschi meglio noti come *Diavoli Verdi*) che usavano troppe munizioni.

Il miglior fucile era, secondo lui, il fucile automatico dei Paracadutisti [*Fallschirmjägergewehr* 42, ndA], dei quali non ve n' erano abbastanza per [equipaggiare] la divisione.

Questo fucile era leggero e preciso e poteva sostenere il più duro degli usi.

Per via della nota carenza di cannoni anti-carro molto affidamento era stato riposto sulle armi per il combattimento ravvicinato, e di queste, le migliori erano i *Faust-patronen*, [i *Panzerfaust*, ndA] nonostante il loro corto raggio d'azione.

Aveva personalmente decorato il tenente Bohlein del suo Reggimento con la Croce di Cavaliere, per aver distrutto 6 carri *Sherman* con la sua arma.

Il *Bazooka* (*Ofenrohr* [*Panzerschrek*, ndA]) era universalmente odiato visto che svelava il tiratore al primo colpo.

Per questo motivo furono richieste cariche ad alto potenziale, ma si scoprì che non ve né erano a sufficienza neanche per distruggere i ponti della zona. Il colonnello ammetteva liberamente che questa era l'unica seria carenza, oltre ai pezzi di ricambio per i carri *Tiger*. Le mine "S" non vennero più usate dalla divisione per via dell'alto numero di incidenti che comportavano, ma in altre Divisioni ciò era apparentemente una scelta dei Generali Comandanti.

Per quanto riguarda i mezzi corazzati, sembrava convinto che i modelli tedeschi fossero universalmente superiori e citava la capacità di penetrazione dell'*Hornet* (8.8 cm sul Mk II/IV) per essere sufficiente a distruggere un carro *Churchill* a 2400 metri. Comunque l'Italia si era dimostrata non adatta all'impiego dell'*Hornet* per via del terreno accidentato. Interrogato sull'efficienza delle *Armi di Vendetta* il prigioniero rise e si disse sicuro che non ammontavano a granché.

La sua fiducia nel futuro si basava sulla fede che riponeva nello spirito del soldato tedesco, e non nelle fantasie della stampa. Ammetteva liberamente la superiorità della nostra artiglieria ma lo giustificava sottolineando la nostra abbondanza di munizioni.

La sua ammirazione per la *Jeep* (FL e TE) sembra abbastanza comprensibile e si vantava di averne 6 al suo comando, ma generalmente i veicoli tedeschi erano di gran lunga superiori.

Era abbastanza tipico che sottolineasse ogni complimento con uno antitetico, indubbiamente per la sua soddisfazione personale.

In rapporto alla movimentazione del materiale, casualmente disse che i genieri tedeschi avevano costruito diversi ponti sul Po sfruttando delle chiatte che si posizionavano 20-28 (cm) sotto il livello dell'acqua in modo che potessero tollerare carichi normali.

Lo scopo di ciò era apparentemente l'occultamento aereo, un metodo precedentemente usato in Russia.

Il prigioniero ha comandato il suo reggimento a Cassino durante i combattimenti ivi tenuti.

Al momento del primo bombardamento vi erano solo civili nel Monastero, ma in seguito a questo egli ha trasferito il suo comando nel Monte [ossia nel Monastero ndA], dove rimase. Se non fosse stato per i bombardamenti aerei che avevano reso impraticabile il terreno per il passaggio dei carri, lui era sicuro che la storia sarebbe andata diversamente. Sosteneva che non vi erano più di 500 paracadutisti dalla città al Monastero.

Lui stesso ha condotto l'attacco contro i *Gurkha* che avevano penetrato le postazioni creando una situazione critica.

Le perdite tra i paracadutisti furono incredibilmente basse secondo lui, e fu solo il collasso della Linea *Hitler* che portò all'evacuazione della città. Si può ritenere interessante ma non significativo che il prigioniero era amico del conte von Stauffenberg, il cui recente attentato contro Hitler ha denunciato come *tradimento del giuramento militare*.

Egli ha negato enfaticamente ogni simpatia verso qualsivoglia codardia- *Schwei-*

nerei [lett. *porcata*, ndA]- e ha detto che come soldato tedesco combatterebbe fino alla fine. Quando gli fu mostrata la situazione che la sua Madre Patria stava affrontando in quei giorni, divenne molto serio ed affermò che era davvero una situazione critica. Il sacro suolo della Germania, disse, non conoscerà mai invasori.

Ha ampliato questa alquanto mistica affermazione aggiungendo che la Germania vincerà perché deve vincere. Per lui non vi era una fede alternativa.

Alla fine ha prodotto un'argomentazione a supporto di ciò: lo spirito del soldato tedesco. Dopo aver reiterato questo punto, il suo grammofono si scaricò e tornò alle falsità bolsceviche che ha elencato con teutonica accuratezza.

Da questo punto ha proseguito con il descrivere quanto bene fossero trattati gli ufficiali inglesi prigionieri dei Paracadutisti.

Un racconto interrotto solo dal suo discorso di benvenuto finale fra le braccia accoglienti del 10° Corpo[96].

---

[96]Riportato in https://www.cdsconlus.it/index.php/2016/09/15/la-battaglia-di-cassino-in-presa-diretta-testimonianze-inedite-di-protagonisti/

Il colonnello R.K. Eggert

LE BATTAGLIE DI CASSINO
DESCRITTE DA WINSTON CHURCHILL.

Ecco come Winston Churchill riassunse gli avvenimenti sul fronte di Cassino nella sua Storia della Seconda Guerra mondiale *(*The Second World War, *1948-1953). Si tratta della versione data da un protagonista, quindi interessante per quanto spesso autoassolutoria, volutamente inesatta e a volte apertamente menzognera, specchio del carattere-e dell'ego- del primo ministro britannico, da prendere* cum grano salis, *ma scritta con grande vivacità ed eleganza, tanto da fruttare a Churchill il Premio Nobel per la letteratura nel 1953* per la sua padronanza della descrizione storica e biografica e per la brillante oratoria in difesa dei valori umani.

Il X corpo d'armata britannico aveva attirato sul suo fronte il grosso dei rinforzi nemici; si decise perciò di attaccare più a nord per occupare le alture che dominano Cassino e aggirare la posizione di fianco. L'avanzata ebbe un certo successo. Il II corpo d' armata americano attraversò il fiume Rapido a monte di Cassino, mentre le forze francesi che lo fiancheggiavano sulla destra occupavano Monte Castellone e Colle Majola. Da questo punto l'attacco si diresse verso sud, contro la collina del Monastero, che i tedeschi avevano fortificato e difendevano fanaticamente.

Ai primi di febbraio, il II corpo d'armata aveva ormai esaurito il suo slancio e il generale Alexander ritenne necessario inviare al fronte truppe fresche per ridare impeto all'attacco. In vista di ciò aveva già dato ordine che venisse costituito un corpo d'armata neozelandese, agli ordini del generale Freyberg, composto di tre divisioni sottratte all'8ª armata operante nel settore adriatico. In realtà, questa armata che aveva tentato d'inchiodare il nemico sulle sue posizioni assumendo l'offensiva, aveva dovuto cedere non meno di cinque divisioni per sostenere gli aspri combattimenti del settore tirrenico; nei mesi successivi fu così costretto a rimanere sulla difensiva.

(...)

Il secondo attacco in forze contro Cassino cominciò il 15 febbraio con il bombardamento dell'Abbazia. L'altura, sulla quale si trova il monastero, domina la confluenza dei fiumi Rapido e Liri ed era perciò il perno dell'intero sistema difensivo tedesco.

Essa aveva già dimostrato di essere un ostacolo formidabile e potentemente fortificato. I suoi fianchi scoscesi, spazzati dal fuoco delle artiglierie, erano dominati dal famoso edificio che nei secoli precedenti era stato più volte saccheggiato, distrutto e ricostruito. Si discusse a quell'epoca lungamente sull'opportunità o meno di distruggerlo ancora una volta. Nel monastero non erano alloggiate truppe tedesche, ma le fortificazioni nemiche si trovavano nelle immediate adiacenze dell'edificio.

L'Abbazia dominava l'intero campo di battaglia e il generale Freyberg, quale comandante del corpo d'armata interessato, desiderava naturalmente che essa venisse pesantemente bombardata dall'aria prima di lanciare all'assalto le fanterie.

Il comandante d'armata, generale Mark Clark, chiese a malincuore (e ottenne) il permesso di bombardare l'Abbazia al generale Alexander, che accettò di assumersi tale responsabilità.

Pertanto, il 15 febbraio, dopo che i monaci erano stati tempestivamente avvertiti, furono lasciate cadere sull'abbazia oltre 450 tonnellate di bombe, che provocarono danni gravissimi: ancora rimangono in piedi le grandi mura perimetrali e il cancello. Il risultato non fu quello sperato: i tedeschi erano ormai pienamente giustificati nel servirsi in tutti i modi possibili delle macerie dell'edificio.

Ciò offrì loro ancora maggiori possibilità di difendersi di quando l'abbazia era intatta. Il compito di passare all'attacco toccò alla 4ª Divisione indiana, che aveva da poco sostituito gli americani sulle colline a nord del monastero. Nelle due notti successive essa cercò vanamente d'impadronirsi di una cima che si trovava tra le sue posizioni e il colle dell'Abbazia.

Nella notte del 18 febbraio essa fece un terzo tentativo: nel combattimento disperato tutti i nostri uomini che giunsero in vetta rimasero uccisi. Più tardi, nella stessa notte, una brigata lasciò da parte la cima e puntò direttamente verso l'Abbazia, ma incontrò poco più avanti un burrone nascosto, tutto cosparso di mine e dominato dalle – 87 – mitragliatrici nemiche appostate a brevissima distanza: qui la brigata venne fermata dopo aver subito gravissime perdite. Mentre questi aspri combattimenti infuriavano sulle alture, in basso la divisione neozelandese riusciva ad attraversare il fiume Rapido, immediatamente a sud della cittadina di Cassino; prima però che la testa di ponte venisse consolidata, fu costretta a ripiegare da un contrattacco nemico con carri armati.

La puntata contro Cassino era fallita.

All'inizio di marzo, il maltempo provocò una sosta generale nelle operazioni. Il quinto elemento di Napoleone - il fango - bloccò entrambi gli avversari. Non riuscimmo a sfondare il fronte principale a Cassino, così come i tedeschi avevano fallito il tentativo di gettarci in mare ad Anzio. Quanto a effettivi, la situazione era poco brillante per gli uni e per gli altri. Noi disponevamo allora in Italia di 20 divisioni, ma sia gli americani sia i francesi avevano subito perdite gravissime. Il nemico aveva a sud di Roma 18 o 19 divisioni, oltre ad altre 5 nell'Italia settentrionale, ma esse pure erano stanche e logorate. Non si poteva ormai più sperare di rompere l'accerchiamento dalla testa di sbarco, né vi era alcuna prospettiva di un congiungimento a breve scadenza tra i due settori sino a che il fronte di Cassino non fosse stato sfondato.

A tal fine occorreva anzitutto consolidare effettivamente la testa di sbarco, sostituendone e rafforzandone le unità, e riempiendo i depositi così da poter resistere a un virtuale assedio e alimentare poi, al momento opportuno, una sortita in forze. Il tempo stringeva: la maggior parte dei mezzi da sbarco doveva infatti partire verso la metà del mese per l'Inghilterra in vista dell'" Overlord ". Il loro trasferimento era stato opportunamente differito sino a questo momento, ma ormai non era più possibile un ulteriore rinvio. La marina si impegnò a fondo nell'impresa ottenendo risultati mirabili. Il tonnellaggio medio giornaliero sbarcato, che era stato nei primi giorni di 3000 tonnellate, risultò più che raddoppiato negli ultimi dieci giorni di marzo. Io seguii questi progressi con la massima attenzione. Il 12 marzo feci le seguenti domande:

Qual è la forza attualmente presente sulla testa di sbarco? Quanti automezzi sono stati sinora sbarcati? A quanto ammontano le riserve, calcolate in giorni, di viveri e di munizioni e qual è l'ipotesi dalla quale si parte per il calcolo?.

Il generale Alexander rispose che la forza presente ammontava a 90.200 soldati americani e 35.500 britannici. Erano stati sbarcati quasi 25.000 automezzi di ogni genere. Forniva poi esaurienti parti colari circa le riserve di viveri, di munizioni e di carburante. Le riserve non erano ingenti, ma continuavano ad aumentare. Alcuni giorni più tardi cominciò una violenta eruzione del Vesuvio. Per alcuni giorni il traffico sugli aeroporti attorno a Napoli fu parzialmente interrotto; continuò però l'attività portuale. Il 24 marzo, in un rapporto al comandante in capo delle operazioni marittime, si affermava: *"Le banchine del porto di Napoli stanno ora scaricando al ritmo di 12 milioni di tonnellate all'anno, mentre il Vesuvio si ritiene stia lavorando al ritmo di 30 milioni di tonnellate al giorno. Non possiamo non ammirare questa impresa degli dei*

(...)

Il raggruppamento delle nostre forze in Italia ebbe luogo nel massimo segreto: tutto il possibile fu fatto per nascondere i movimenti al nemico e per trarlo in inganno. Quando il raggruppamento fu completo il generale Clark, comandante della 5ª armata, si trovò ad avere oltre 7 divisioni, di cui quattro francesi, schierate sul fronte dal Tirreno al fiume Liri; da questo punto il fronte, che continuava oltre Cassino tra i monti appenninici, era tenuto dall'8ª armata, ora agli ordini del generale Leese, con forze equivalenti a circa 12 divisioni. Altre sei erano state ammassate sulla testa di ponte di Anzio, pronte a balzar fuori al momento opportuno; sul settore adriatico erano schierate forze pari ad appena 3 divisioni. In complesso gli Alleati schieravano oltre 28 divisioni.

Di fronte a esse c'erano 23 divisioni tedesche; ma le nostre finte, tra cui la minaccia di uno sbarco a Civitavecchia (il porto marittimo di Roma), avevano disorientato così bene Kesselring che le sue forze si trovavano assai sparse.

Tra Cassino e il mare, dove sarebbero stati sferrati i nostri colpi più violenti, erano schierate appena quattro divisioni, mentre le riserve erano sparpagliate e lontane. Il nostro attacco arrivò inaspettato: sul fronte opposto a quello britannico i tedeschi stavano procedendo alla sostituzione di alcune unità e uno dei loro comandanti d'armata si apprestava ad andare in licenza.

La grande offensiva cominciò alle 11 pomeridiane di quello stesso giorno, allorché le artiglierie delle nostre due armate, che contavano ben 2000 bocche da fuoco, aprirono un violentissimo bombardamento, reso ancora più massiccio all'alba dall'intervento dell'aviazione tattica al completo. A nord di Cassino il corpo d'armata polacco tentò di aggirare l'abbazia, muovendo dalle alture che erano state teatro dei nostri precedenti insuccessi, ma fu arrestato e respinto.

Il XIII corpo d'armata britannico, alla cui testa operavano la 4ª divisione britannica e la 8ª divisione indiana, riuscì a costituire piccole teste di ponte oltre il Rapido, ma dovette poi combattere duramente per tenerle. Sul fronte della 5ª armata i francesi avanzarono rapidamente verso monte Faitto, ma nel settore lungo la costa il II corpo d'armata americano urtò in una fierissima resistenza e dovette conquistare il terreno metro per metro. Dopo 36 ore di aspri combattimenti il nemico cominciò a cedere. Il corpo d'armata francese espugnò monte Maio e il generale Juin spinse rapidamente la sua divisione motorizzata lungo il corso del Garigliano per occupare S. Ambrogio e S. Apollinare, rastrellando in tal modo tutta la riva occidentale del fiume.

Il XIII corpo d'armata penetrò più profondamente nelle forti difese nemiche oltre il Rapido e il 14 maggio, avendo come rincalzo la 78ª divisione, cominciò a guadagnare terreno. I francesi si spinsero in avanti nuovamente, risalendo la valle dell'Ausente e occupando Ausonia; quindi il generale Juin lanciò i suoi marocchini oltre le montagne prive di sentieri a occidente di Ausonia. Gli americani riuscivano intanto a occupare S. Maria Infante, per il cui possesso avevano combattuto così a lungo.

Le due divisioni tedesche che, in quel settore, avevano dovuto subire l'attacco di sei divisioni della 5ª armata, ebbero perdite spaventose sicché tutto il fianco destro dello schieramento germanico a sud del Liri cominciò a sfaldarsi. Nonostante il crollo del fianco verso il mare, i tedeschi a nord del Liri si aggrapparono disperatamente agli ultimi baluardi della linea *Gustav*, ma furono progressivamente sopraffatti.

Il giorno 15 maggio il XIII corpo d'armata raggiunse la strada Cassino Pignataro e il generale Leese portò in linea il corpo d'armata canadese per esser pronto a sfruttare il successo. Il giorno successivo, la 78ª divisione sfondò le difese nemiche con una puntata in direzione nord-ovest che la condusse sino alla strada statale n. 6; il giorno 17 i polacchi attaccarono a nord dell'abbazia e questa volta riuscirono a occupare le alture a nord-ovest di essa, che dominavano la grande arteria di comunicazione. La mattina del 18 maggio la cittadina di Cassino venne finalmente rastrellata dalla 4ª divisione britannica, mentre i polacchi issavano trionfalmente il loro stendardo bianco e rosso sulle rovine del monastero.

Sebbene non fossero stati i primi a entrarvi [contrariamente a quanto è stato scritto, C. non si riferisce qui al monastero, ma alla battaglia di Cassino! ndA], tuttavia essi si comportarono con grande onore in questo loro primo importante combattimento in Italia.

Più tardi, agli ordini dell'energico generale Anders, altro superstite dei campi di concentramento russi, si guadagneranno parecchi allori durante la lunga avanzata sino al Po. Il XIII corpo d'armata era pure avanzato lungo tutto il fronte ed era giunto alle porte di Aquino, mentre il corpo d'armata canadese progrediva più a sud. Sull'altra riva del Liri i francesi avevano raggiunto Esperia e puntavano decisamente su Pico.

Il corpo d'armata americano, che aveva occupato Formia, si comportava pure magnificamente.

Kesselring continuava a far affluire tutti i rinforzi via via disponibili: essi arrivavano in piccole formazioni, appena in tempo per essere gettati nella lotta con cui il loro comandante tentava di arginare la marea montante dell'avanzata alleata.

L'8ª armata doveva ancora sfondare la linea Adolfo Hitler, che correva da Pontecorvo ad Aquino spingendosi sino a Piedimonte, ma era ormai certo che i tedeschi sarebbero stati presto costretti a una ritirata generale.

Volantino di propaganda tedesco diretto ai soldati polacchi.

BIBLIOGRAFIA

AA.VV., *The Third Reich. The Southern Front*, New York, 1993.

R. Atkinson, *Il giorno della battaglia. Gli Alleati in Italia 1943-44*, tr. it. Milano, 2008.

P. P. Battistelli, *Albert Kesselring*, Oxford, 2012.

H. Belote, *Once in a Blue Moon: Airmen in Command; Lauris Norstad, Albrecht Kesselring and Their relevance to the Twenty First Century*, Maxwell Air Force Base, 2000.

G. Bianchi, L. Monachello, *Ero a Cassino - Il Fallschirmjager dei Diavoli Verdi Hans Mecklenburg racconta*, 2016.

S. Bidwell, *Albert Kesselring*, in C. D. Barrett (cur.), *I generali di Hitler. I condottieri della macchina da guerra nazista*, tr.it. Milano 1988.

T. Bitner, *Kesselring: an Analysis of the German Commander at Anzio*, s.l., 1956.

G. Blaxland, *Alexander's Generals: The Italian Campaign, 1944-45.* London,1979..

M. Blumenson,*Salerno to Cassino*, Washington, 1969.

R. Böhmler, *Monte Cassino*, tr. it. Roma, 1979.

H. L. Bond, *Inferno a Cassino - La battaglia per Roma*, tr. it. Milano, 1994.

F. Borsato, *La strada per Roma*, Roma, 2009.

A. Bowlby, *Contdown to Cassino. The Battle of Mignano Gap 1943*, London, 1995.

P. Caddick- Adams, *L'inferno di Montecassino. La battaglia decisiva della campagna d'Italia*, tr.it. Milano, 2014.

F. Carloni, *La battaglia di San Pietro Infine*, Milano, 2003.

S. Casaldi, *Gli uomini dello sbarco*, Roma, 2006.

L. Cavallaro, *Cassino: le battaglie per la Linea Gustav, 12 gennaio-18 maggio 1944*, Milano, 2004.

L. Cavallaro, *Cassino 19 marzo 1944. Assalto a Masseria Albaneta*, Roma, 2018.

R. Chambe, *L'épopée française d'Italie, 1944*, Paris, 1952.

L. Clark,. *Anzio: The Friction of War - Italy and the Battle for Rome 1944.*, London, 2006.

M. Clark, *Calculated Risk*, New York,1950.

C. D'Este, *Fatal decision. Anzio and the battle for Rome,* NewYork- London-Toronto,1991.

F. Dettmer, O. Jaus, H. Tolkmitt, *Die 44. Infanterie-Division 1938-1945: Reichs-Grenadier-Division Hoch- und Deutschmeister*, Eggolsheim, 2004.

F. Di Santo, "Il Maresciallo Harold Alexander nella Campagna d'Italia", *Rivista Militare* 2 (2011).

E. Dollmannn, *Roma nazista- 1937/1943. Un protagonista della storia racconta*, Milano, 2002.

F. Fasanotti Saini, *La gioia violata. Crimini contro gli italiani 1940-1946*,Torino, 2004.

W. Fellgiebel, *Die Träger des Ritterkreuzes des Eisernen Kreuzes 1939–1945 — Die Inhaber der höchsten Auszeichnung des Zweiten Weltkrieges aller Wehrmachtteile*, Friedberg 2000.

V. Ferretti, *Kesselring*, Milano, 2009

E. F. Fisher, Jr., *Cassino to the Alps*, Washington, 1977.

K. Ford, *Cassino 1944. Breaking the Gustav Line*, Oxford, 2004.

J. Fössinger, *Die 334. Infanterie-Division bei der Cassino/Rom-Schlacht*, s.i.l., 1993.

R. A. Gabriel, P. L. Savage, *Crisis in Command: Mismanagement in the Army*, New York, 1978.

L. Garibaldi, *Gli eroi di Montecassino*, Milano, 2013.

J. Gaujac, *Le corps expéditionnaire français en Italie*, Paris, 2003.

K. R. Greenfield, (cur.). *Command Decisions*, Washington, 1960.

J. Grigg, *1943: The Victory that Never Was*. Kensington, 1982.

E. Grossetti, M. Matronola, *Il bombardamento di Montecassino. Diario di guerra*, Montecassino, 1980.

W. Haupt, *Kriegsschauplatz Italien 1943-1945*, Stuttgart, 1977.

H. Heiber, D.M. Glantz (curr.), *Hitlers Lagebesprechungen.. Die Protokollfragmenten seiner militärischen Konferenzen 1942- 1945*, München 1962 (tr. ingl. London 2002).

E.R. Hooton, *Luftwaffe at War: Gathering Storm 1933–39*, 1. London, 2007.

D. Irving, *Hitler's War*, London, 1989.

W.G.F. Jackson, *La battaglia di Roma*, tr. it. Milano, 1977.

C. Jadecola, *Linea Gustav*, Sora, 1994.

A. Juin, *Mémoires du général Juin*, I, Paris, 1959.

B. Kanert, *Einsatzberichte aus Italien: Salerno, Cassino, Nettuno, Bandenkampfeinsatz*, [n.v.]

J. Keegan, *The Second World War*, London, 1990.

J. Keegan, J. Wheatcroft, *Who's Who in Military History*, London, 1987.

I. Kershaw, *Fateful Choice*, London, 2007.

I. Kershaw,*The End: Hitler's Germany*, London, 2011.

J. Killen,*The Luftwaffe - A History*, Yorkshire, 2009.

A. Kesselring, *Memorie di guerra*, tr. it. Milano 1954.

A. Kesselring, *Gedanken zum Zweiten Weltkrieg*, Bonn 1955.

A. Kesselring, *Soldato fino all'ultimo giorno*, tr.it. Gorizia, 20016.

Instytut Pamięci Narodowej- Istituto per la Memoria Nazionale, *Battaglia di Montecassino 1944*, Warszawa 2014 .

E. Kuby, *Il tradimento tedesco. Come il Terzo Reich portò l'Italia alla rovina*, tr. it. Milano, 1994.

F. Kurowski, *Knight's Cross Holders of the Fallschirmjäger*, tr.in. Atglen 1995

F. Kurowski, *Battleground Italy 1943 - 1945 - the German Armed Forces in the Battle for the Boot*, tr.in. Manitoba, 2003.

R. Lamb, *War in Italy 1943-45*, London, 1993.

J. Lapouge, *De Sétif à Marseille, par Cassino : Carnets de guerre de Jean Lapouge, sous-lieutenant au 7 RTA*, Paris, 2006.

K. von Lingen, *Kesselrings letzte Schlacht. Kriegsverbrecherprozesse, Vergangenheitspolitik und Wiederbewaffnung: Der Fall Kesselring*, Paderborn, 2004.

K. von Lingen, "Soldat bis zum letzten Tag? Generalfeldmarschall Albert Kesselring", in G. Hirschfield, T. Jersak (curr.), *Karrieren im Nationalsozialismus: Funktionseliten zwischen Mitwirkung und Distanz*. Frankfurt am Main- New York, 2004.

B. Liddell Hart, *Storia di una sconfitta. Parlano i generali del III Reich*, tr. it. Milano, 1971.

A. Lombardi, *I decorati della Ritterkreuz mit Eichenlaub und Schwertern*, 2: *Luftwaffe-Kriegsmarine-Waffen-SS*, Genova, 2007.

J. Lucas, *Hitler's Enforcers*: *Leaders of the German War Machine, 1939-1945*, London, 1996.

M. Lucchetti, *I generali di Hitler. La vita, le battaglie, i crimini e la morte degli uomini che giurarono obbedienza al Führer*, Roma, 2017.

J. Mabire, *Les Diables verts de Cassino, Italie 1943- 1945*, Paris, 1991.

M. Marzilli, *1943-1944: La Linea Gustav: la guerra in Abruzzo e Molise*, Chieti, 2005.

M. Marzilli, M. Lottici, *Cassino '44 - Immagini della memoria*, Latina, 2000.

M. Marzilli, M. Lottici, *Cassino ieri e oggi - Dalla linea Gustav alla linea Hitler*, Roma, 2007.

K. Macksey, *Kesselring: The Making of the Luftwaffe*, New York, 1978.

K. Macksey, *Why the Germans Lose at War. The Myth of German Military Superiority*, London, 1996.

A. Mansolas, *Monte Cassino January- May 1944: The Legend of the Green Devils*, Stroud, 2017.

K. Mehner (cur.), *Die geheimen Tagesberichte der deutschen Wehrmachtsführung im Zweiten Weltkrieg 1939-1945, Band 8, 1. September 1943 – 30. November 1943*, Osnabrück, 1985.

K. Mehner (cur.), *Die geheimen Tagesberichte der deutschen Wehrmachtsführung im Zweiten Weltkrieg 1939-1945, Band 9, 1. Dezember 1943 – 29 Februar 1944*, Osnabrück, 1985.

F. Merreys, *"Die gestohlene Jugend": junge Fallschirmjäger im Stahlhagel, Salerno - Monte Cassino - Nettuno*, Hamburg, 1985.

C. J. Molony, *The Mediterranean and Middle East*, V, *The Campaign in Siciliy 1943 and the Campaign in Italy 3rd September 1943 to 31st March 1944*, London, 1973.

B. L. Montgomery, *Da El Alamein al fiume Sangro*, tr. it. Milano, 1950.

E. Morris, *La guerra inutile. La campagna d'Italia 1943-45*, tr. it. Milano, 1993.

G. Muhm, *La tattica tedesca nella Campagna d'Italia,* in A. Montemaggi, *Linea Gotica avamposto dei Balcani,* Roma, 1993.

W. Nardini, *Cassino fino all'ultimo uomo*, Milano, 1975.

G. W. L. Nicholson, The *Canadians in Italy 1943-45*, Ottawa, 1957.

A. Nicolson Nigel, *The Life of Field-Marshal Earl of Alexander of Tunis*, London, 1973.

M. Parker, *Montecassino - 15 gennaio-18 maggio 1944. Storia e uomini di una grande battaglia*, tr. it. Milano, 2009.

E. Patriarca, *La colpa dei vincitori. Viaggio nei crimini dell'esercito di Liberazione*, tr.it. Casale Monferrato, 2018.

M. Patricelli, *La Stalingrado d'Italia. Ortona 1943, una battaglia dimenticata*, Torino, 2002.

M. Patricelli, *L'Italia sotto le bombe. Guerra aerea e vita civile 1940- 1945*, Roma- Bari, 2007.

M. Patricelli, *Il nemico in casa. Storia dell'Italia occupata 1943-45*, Roma-Bari, 2014.

K. J. Peters, *Fallschirmjäger Regiment 3*, San Jose, 1995.

M. Picone Chiodo, *In nome della resa. L'Italia nella seconda guerra mondiale (1940-1945)*, Milano, 1990.

J. Piekalkiewicz, *Cassino. Anatomia di una battaglia*, tr.it. Novara, 1981.

E. Pistilli, *la battaglia di Cassino giorno per giorno (10 settembre 1943- 4 giugno 1944)*, Cassino, 1999.

J. Plowman, *The Battles for Monte Cassino Then and Now*, London, 2011.

M. Pöppel, *Himmel und Hölle: das Kriegstagebuch des Fallschirmjägers Martin Pöppel,* München, 1986.

M. Puddu, *Tra due invasioni. La campagna d'Italia, 1943-45*, Roma, 1965.

B. Quarrie, *German Airborne Divisions: Mediterranean Theatre 1942- 1945*, Oxford, 2005.

R. Raiber, *Anatomy of Perjury: Field Marshal Albert Kesselring, Via Rasella, and the GINNY mission*, Newark, 2008.

P. Romeo di Colloredo, *Südfront. Il Feldmaresciallo Albert Kesselring nella Campagna d'Italia 1943- 1945*, Genova, 2018.

P. Romeo di Colloredo, "Albert Kesselring e la campagna d'Italia", *Ritterkreuz. Rivista di storia militare 1939- 1945,* Anno 10 n. 57 (maggio 2018).

G. Ronchetti, A. M. Ferrara, *La linea Gustav. i luoghi delle battaglie da Ortona a Cassino*, Fidenza, 2014.

K. A. Rust, D*er Weg der 15. Panzergrenadier-Division von Sizilien bis Wesermünde, Teil 1: Sizilien - Florenz 1943 - 1944,* Berlin, 1990.

A. Sangster, *Field-Marshal Albert Kesselring in Context*, University of East Anglia, 2014.

A. Sangster, *Field- Marshal Kesselring. Great Commander or War Criminal?*, Cambridge, 2015.

M. Schick, *Monte Cassino - Ein Rückblick nach 60 Jahren: Die 44. Infanterie-Division Hoch- und Deutschmeister im Abwehrkampf*, Wien, 2004.

A. Schimak, K. Lamprecht, F. Dettmer, *Die 44. Infanterie-Division. Tagesbuch der Hoch- und Deutschmeister*, Wien, 1969.

G. Schreiber,*Deutsche Kriegsverbrechen in Italien. Täter, Opfer, Strafverfolgung*, München, 1996.

A. Segur-Cabanac, *Gefechtsbeispiele aus dem Zweiten Weltkrieg*, Wien 1971.

F. von Senger und Etterlin, *Combattere senza paura e senza speranza,* tr. it. Milano, 1968.

G. A. Shepperd, *La Campagna d'Italia: 1943-45*, tr.it. Milano, 1970.

N. Short, *German Defences in Italy in World War II*, Oxford, 2006.

G. Staiger, *26. Panzer-Division - ihr Werden und Einsatz 1942 - 1945*, Bad Nauheim, 1957.

N. Tasciotti, *Montecassino 1944. Errori, menzogne e provocazioni*, Roma, 2013.

G. Tessin, *Verbände und Truppen der Deutschen Wehrmacht und Waffen-SS im Zweiten Weltkrieg 1939–1945. Band 3. Die Landstreitkräfte 6–14. 2. Auflage*, Bissendorf, 1974.

G.Tessin: *Verbände und Truppen der deutschen Wehrmacht und Waffen-SS im Zweiten Weltkrieg 1939–1945. Band 14. Die Landstreitkräfte. Namensverbände. Die Luftstreitkräfte. Fliegende Verbände. Flakeinsatz im Reich 1943–1945*, Bissendorf 1980.

E. Theil: *Kampf um Italien: Von Sizilien bis Tirol, 1943-1945*, München 1983.

K. von Tippelskirch, *Geschichte des II Weltkrieges*, Bonn, 1951.

W. Terdoslavich, "Nothing Goes Right in Italy", in B. Fawcett (cur.), *How to Lose WWII*, New York, 2000.

H. Umbreit: *Der Kampf um die Vormachtstellung in Westeuropa.* In: *Das Deutsche Reich und der Zweite Weltkrieg. Band 2,* Stuttgart 1979.

A. Wanderwitz, *11. Kompanie Fallschirm-Jäger-Regiment 1 1939-1945*, Bremen, 1976.

H. Wilhelmsmeyer, *Der Krieg in Italien 1943-1945*, Graz, 1995.

G. Williamson, *German Commanders of World War II (2). Waffen- SS, Luftwaffe & Navy*, Oxford, 2006.

O. Zierer, Otto, *Rot schient die Sonne.*, 2. ed., München,- Berlin, 1986.

SITOGRAFIA.

Dal Volturno a Cassino
http://www.dalvolturnoacassino.it/asp/n_main.asp

Abbazia di Montecassino official website

http://www.abbaziamontecassino.org/abbey/index.php

Difesa on Line
http://www.difesaonline.it/news-forze-armate/storia/la-battaglia-di-cassino-dall8-settembre-alla-linea-gustav-23

Centro documentazione e studi cassinati CDSC
https://www.cdsconlus.it/

Lexicon der Wermacht
http://www.lexikon-der-wehrmacht.de/Gliederungen/Fallschirmjagerdivisionen/1FJD.htm

Chemins de memoires. Les Français dans la campagne d'Italie 1943- 1944.
http://www.cheminsdememoire.gouv.fr/fr/les-francais-dans-la-campagne-ditalie-1943-1944

La battaglia di Cassino giorno per giorno - Pontelandolfo News
https://www.pontelandolfonews.com/...2/la-battaglia-di-cassino-giorno-per-giorno/

Propaganda of the WWII Battle of Monte Cassino. Psywar.org.
https://www.psywar.org/content/cassino

Historiamilitaria. it. Italian Campaign & WWII History
https://digilander.libero.it/historiamilitaria3/pietransieri.htm

G. Mele, "Cassino. Cronistoria di una battaglia", InStoria, rivista online di storia e informazione, n. 51 - Marzo 2012 (LXXXII)
http://www.instoria.it/home/battaglia_cassino.htm